中国政府奖学金生专用教材
A Series of Textbooks Designated for Chinese Government Scholarship Students

预科汉语强化教程系列

Intensive Chinese for Pre-University Students

综合课本
Textbook

总主编 王尧美 李 安
主 编 朱瑞蕾
副主编 李 安 李晓婧
编著者 朱瑞蕾 李 安 李晓婧 杜文倩 布莉莉

U0966130

4

北京语言大学出版社
BEIJING LANGUAGE AND CULTURE UNIVERSITY PRESS

图书在版编目（CIP）数据

预科汉语强化教程系列综合课本．4 / 朱瑞蕾主编 ；
朱瑞蕾等编著．-- 北京 ：北京语言大学出版社，
2020.10
预科汉语强化教程系列 / 王尧美，李安总主编
ISBN 978-7-5619-5708-0

Ⅰ．①预… Ⅱ．①朱… Ⅲ．①汉语－对外汉语教学－
教材 Ⅳ．① H195.4

中国版本图书馆 CIP 数据核字（2020）第 147629 号

预科汉语强化教程系列 综合课本 4
YUKE HANYU QIANGHUA JIAOCHENG XILIE ZONGHE KEBEN 4

项目负责：张维嘉 责任编辑：张维嘉 方兴龙
英文编辑：孙玉婷 英文翻译：孙齐圣
装帧设计：张 娜 插图绘制：李慧麟
责任印制：周 燚 排版制作：北京创艺涵文化发展有限公司

出版发行：北京语言大学出版社
社 址：北京市海淀区学院路 15 号，100083
网 址：www.blcup.com
电子信箱：service@blcup.com
电 话：编辑部 8610-82303647/3592/3395
国内发行 8610-82303650/3591/3648
海外发行 8610-82303365/3080/3668
北语书店 8610-82303653
网购咨询 8610-82303908
印 刷：天津嘉恒印务有限公司

版 次：2020 年 10 月第 1 版 印 次：2020 年 10 月第 1 次印刷
开 本：889 毫米 × 1194 毫米 1/16 印 张：13
字 数：218 千字
定 价：69.00 元

PRINTED IN CHINA

编写说明

《预科汉语强化教程系列》是一套紧扣《HSK 考试大纲》和《中国政府奖学金本科来华留学生预科教育结业考试大纲》，实践“考教结合”教学思路的初、中级汉语教材。本套教材可作为来华学习理工类、文史类本科专业预科生汉语课程主干教材，也可作为来华长期语言进修生初、中级阶段教材，亦适用于所有希望通过 HSK 一至五级考试的汉语学习者。

一、编写理念

本套教材将留学生日常汉语学习与准备 HSK 考试有机结合起来，旨在从零起点开始，全面培养留学生汉语听、说、读、写技能，帮助学习者逐步掌握 HSK 一至五级大纲所规定的词汇和语言点项目，并能针对大纲所要求掌握的话题展开真实有效的交际。学生“所学”即“所考”，使学习者在逐步提高汉语水平的同时，可顺利通过 HSK 一至五级考试。

二、教材架构

本系列综合教材包括综合课本 6 册、综合练习册 6 册。课本与练习册相搭配，每册 16 课。教材严格遵循《HSK 考试大纲》和《中国政府奖学金本科来华留学生预科教育结业考试大纲》的要求，具体安排如下：

第 1、2 册全面覆盖 HSK 一至三级大纲 600 词，涉及部分 HSK 四级词，全面覆盖 HSK 一至三级大纲的语言点项目。课文在注重真实性的基础上，依照 HSK 一至三级话题大纲进行编写。学习者在完成第 1 册的学习后，汉语可达到HSK二级水平；在完成第 2 册的学习后，汉语可达到 HSK 三级水平。

第 3、4 册全面覆盖 HSK 四级大纲 1200 词以及 HSK 四级大纲的语言点项目。课文依照 HSK 四级话题大纲进行编写，并对相关话题进行了提升与扩充。学习者在完成第 3、4 册的学习后，汉语可达到 HSK 四级水平。

第 5、6 册全面覆盖 HSK 五级大纲 2500 词及《中国政府奖学金本科来华留学生预科教育结业考试大纲》3000 词，并全面覆盖 HSK 五级大纲的语言点项目。课文依照 HSK 五级话题大纲进行编写或改写，注重内容的真实性，兼顾趣味性。学习者在完成第 5、6 册的学习后，汉语可达到HSK五级水平，并可顺利通过中国政府奖学金本科来华留学生预科教育结业考试。

三、教材特点

1. 大纲、考试题型全覆盖

本套教材全面覆盖两套大纲的词汇、语言点及话题任务，课本配套的练习册也全面覆盖了 HSK 一至五级考试及中国政府奖学金本科来华留学生预科教育结业考试的题型。学生的课堂练习及日常作业就是针对两套考试的有效操练，实现了课堂教学和两套考试的无缝衔接。教师也可以直接利用教材中的习题指导学生备考，以大大提高教学效率。

2. 结构、功能、任务兼顾，听、说、读、写并重

本套教材完全依据两套大纲的要求，由浅入深呈现语言结构。教材中的课堂练习是针对汉字、词汇、句型和课文等的反复操练，旨在夯实学生的语言基础。综合课本配套的练习册除进一步操练语言结构外，也贯彻任务法的教学理念，兼顾了对学生阅读、写作能力的培养和训练，使学生在顺利通过 HSK 一至五级考试、中国政府奖学金本科来华留学生预科教育结业考试的同时，汉语能力得到全面提高。

3. 分散难点，重视复现

本套教材依据两套大纲编写，但也不拘泥于两套大纲。教材语言点、话题的编排均将两套大纲中的难点打散，使学生能够一步步地掌握难点，易于学生接受。另外，本套教材还重视词汇、语言点和话题的复现，不断巩固学生的学习成果。

四、编写体例

本套教材每 4 课为一个教学单元，编排一个单元复习，进行课文内容和语法学习的小结与梳理，使学生对所学内容进行充分的练习和复习。具体编写体例如下：

1. 第 1、2 册编写体例

综合课本

每课均由热身活动、词汇与课文、语言点讲解及操练、课堂练习、任务活动、中国文化六部分组成。第 1 册包含预备课 4 课，教授汉语拼音和汉字基础知识。第 2 册每课还配有词语辨析。

热身活动：引入整课主题，激活学生的背景知识和相关词汇。

词汇与课文：词汇紧扣两套大纲；每课包含两篇对话，课文内容真实鲜活，配有拼音文本，在课本最后还附有课文的英文翻译。

语言点讲解及操练：语言点讲解突出语法格式、易错点提醒及近义词辨析等内容，中、英双语对照。每个语言点均配有微型练习。词语辨析是对易混词语的词义、用法进行精准讲解，解决学生词语学习痛点。

课堂练习：包括汉字练习、词语练习、句型练习和课文练习四部分，以兼顾结构、功

能、任务为设计理念。

任务活动：以现实生活中实际出现的情景为场景，引导学生使用当课所学语言要素完成交际任务，指导语中、英双语对照。

中国文化：古今并重，内容涉及中国的政治、经济、历史、地理、教育、艺术、民俗及中国人的现代生活等多个方面。

综合练习册

每课设有 13 个题型，分别为打字练习、标注声调、看拼音写汉字、选词填空、给词语选择位置、词汇或语法单项选择、对画线部分提问、连词组句、会话配对、完成会话、阅读理解、看图写句子、汉字书写。习题形式多样，可作为课堂练习的一部分，也可作为学生的课后作业。

2. 第 3、4 册编写体例

综合课本

每课均由热身话题、词汇与课文、语言点讲解及操练、课堂练习、任务活动五部分组成。

热身话题：设置 2 个问题，引入整课主题，激发学生对学习内容的兴趣，激活学生的背景知识和相关词汇。

词汇与课文：词汇紧扣两套大纲；课文一为对话体，课文二为叙述体，两者内容相关度高，语言真实、生动、鲜活。

语言点讲解及操练：语言点讲解简洁清晰，包含解释和例句，突出语法格式、易错点提醒及近义词辨析。每个语言点均配有微型练习。

课堂练习：以兼顾结构、功能、任务为设计理念，包括读拼音写汉字、根据课文内容回答问题、完成句子或对话、根据课文内容填空等。

任务活动：以现实情景为场景，引导学生使用当课所学语言要素完成交际任务。

综合练习册

每课设有 9 个题型，分别为选择正确答案、选词填空、给词语选择位置、组词成句、会话配对、给句子排顺序、阅读理解、阅读文章回答问题、写作。习题形式丰富，可作为教师讲解过程中的巩固性练习，也可作为学生的课后作业。

3. 第 5、6 册编写体例

综合课本

每课均由知识背景、热身讨论、自学生词、课文与生词、语言点学习、课文理解、表达技巧、任务活动、词语拓展九部分组成。

知识背景：提供围绕本课主题的 100 字左右阅读材料，导入新课。

热身讨论：设置与课文相关的4～5个问题进行讨论，使学生快速进入学习状态。

自学生词：引导学生自学非重点实词，完成相关练习。

课文与生词：词汇紧扣两套大纲；课文主题来自HSK五级话题大纲，注重真实性，兼顾趣味性。其中，重点词语学习部分，突出使用格式与搭配，例句丰富，并配有互动性问题；词语综合练习部分，整合全课生词，以练代讲；近义词辨析部分，精选两组词语进行精确对比。

语言点学习：涵盖HSK五级语言点大纲，以虚词、复句等内容为主。每个语言点均配有讲解、例句和微型语法练习，形式多样。

课文理解：采用问答、选择的形式考查学生对课文内容的掌握程度，并通过多种题型帮助学生理解课文结构。

表达技巧：每课讲解1～2个随文出现的表达技巧，涵盖了汉语写作中常用的修辞方法、记叙表达方式、说明方法和议论方法，并配以题型丰富的多种练习以提高学生阅读和写作能力。

任务活动：引导学生使用本课所学词汇、语言点完成任务活动。

词语拓展：以该课主题为中心，拓展相关词汇，有效提高学生识记生词的效率。

综合练习册

每课设有12个题型，包括语音与汉字、词汇与语法、阅读与写作三大部分。习题形式丰富，覆盖HSK五级及中国政府奖学金本科来华留学生预科教育结业考试全部题型。

五、教学建议

本套教材建议每课用4～5课时完成。如一周有20课时，每周可完成4课。如选择“主讲＋复练”的教学模式，“主讲”教师负责主讲生词和语言点，让学生熟练掌握课文的内容，并完成课本上的练习；“复练”教师负责生词、语言点的扩展性和交际性教学，并负责完成练习册上练习题的教学。

六、编写团队

本套教材编写团队由长期在对外汉语教学一线工作的教师组成。总主编为王尧美教授、李安副教授。编写成员及分工如下：

第1册综合课本及练习册由黑琨、李昊天、陈蒙、甄珍、张举英编写，李昊天统稿。

第2册综合课本及练习册由张举英、黑琨、陈蒙、李昊天、甄珍编写，陈蒙统稿。

第3册综合课本及练习册由杜文倩、布莉莉、朱瑞蕾、李安、李晓婧编写，杜文倩统稿。

第4册综合课本及练习册由朱瑞蕾、李安、李晓婧、杜文倩、布莉莉编写，朱瑞蕾统稿。

第5、6册综合课本及练习册由李昊天、陈蒙负责编写并统稿。

样课编写：陈蒙。

词频统计技术支持：李安。

北京语言大学刘珣教授、崔永华教授等专家对本套教材提出了很多宝贵的编写和修改意见，教材初稿由李昊天、刘冰冰、张举英、连佳等任课教师进行了两学期的课堂试用，他们还对教材提出了很多切实的修改意见，在此特别致谢！

恳请广大师生在教材使用过程中提出宝贵意见。

编著者

2020 年 10 月

主要人物介绍

马小军 Mǎ Xiǎojūn
中国人，男，21岁，大学中文系三年级本科生

张萌 Zhāng Méng
中国人，女，25岁，大学医学专业二年级硕士研究生

李白 Lǐ Bái
法国人，男，24岁，短期留学生，在法国学过一学期汉语

米雪 Mǐ Xuě
南非人，女，30岁，大学经济学专业二年级博士研究生，汉语水平较高，已通过HSK六级，丈夫在义乌批发市场工作

小龙 Xiǎo Lóng
南非人，男，5岁，上幼儿园，米雪的儿子

王语 Wáng Yǔ
中国人，女，33岁，大学汉语老师，已婚，有一个2岁的女儿，丈夫为互联网企业高管

李思齐 Lǐ Sīqí
中国人，男，35岁，未婚，大学汉语老师

目　录

第一课　只买对的，不买贵的

课文一

语言点

1. 副词：从来
2. 比一比："从来"和"一直"

课文二

语言点

1. 比较句（4）
2. 比一比："怎样"和"怎么"

热身话题

1. 刚来中国的时候，你给自己买了哪些东西？
2. 你经常在网上买东西吗？为什么？

课文一

01-1

（李白和马小军在宿舍里上网）

李　白：小军，快看！你喜欢的照相机网上“双十一”购物节有活动，活动价格比原来的便宜了不少呢。要买的话，快点儿！

马小军：买还是不买，让我再想想，最近钱包有点儿紧张。

李　白：你前一段时间兼职不是赚了点儿钱吗？

马小军：赚钱是赚钱了，可是赚钱哪有花钱快啊！我发现现在差不多一出门就要花钱，上周办健身卡刚花了几千块。马上又有朋友要过生日，大家一起吃吃饭，再逛逛商店什么的，估计都得刷信用卡了。

李　白：我可提醒你，刷信用卡要冷静。别把下个月的生活费也花完了。

马小军：你平时生活费够花吗？

李　白：差不多够。因为我每天都记账，这样可以把收入和支出整理清楚。

马小军：你可真有耐心，跟你比起来我太粗心了。我从来都不知道自己花了多少钱。

李　白：因为你喜欢用手机支付，那样很方便，不用准备零钱。不过，用手机支付也可以记账，而且现在有很多免费记账软件，整理收入和支出也很方便。

马小军：谢谢你的建议，以后我也要养成记账的习惯，不能乱花钱了。

(Lǐ Bái hé Mǎ Xiǎojūn zài sùshè li shàngwǎng)

Lǐ Bái: Xiǎojūn, kuài kàn! Nǐ xǐhuan de zhàoxiàngjī wǎng shang “shuāng shíyī” gòu wù jié yǒu huódòng, huódòng jiàgé bǐ yuánlái de piányile bù shǎo ne. Yào mǎi dehuà, kuài diǎnr!

Mǎ Xiǎojūn: Mǎi háishi bù mǎi, ràng wǒ zài xiǎngxiang, zuìjìn qiánbāo yǒudiǎnr jǐnzhāng.

Lǐ Bái: Nǐ qián yí duàn shíjiān jiānzhí bú shì zhuànle diǎnr qián ma?

Mǎ Xiǎojūn: Zhuàn qián shì zhuàn qián le, kěshì zhuàn qián nǎ yǒu huā qián kuài a! Wǒ fāxiàn xiànzài chàbuduō yì chūmén jiù yào huā qián, shàng zhōu bàn jiànshēnkǎ gāng huāle jǐ qiān kuài. Mǎshàng yòu yǒu péngyou yào guò shēngrì, dàjiā yìqǐ chīchi fàn, zài guàngguang shāngdiàn shénmede, gūjì dōu děi shuā xìnyòngkǎ le.

Lǐ Bái: Wǒ kě tíxǐng nǐ, shuā xìnyòngkǎ yào lěngjìng. Bié bǎ xià gè yuè de shēnghuófèi yě huāwán le.

Mǎ Xiǎojūn: Nǐ píngshí shēnghuófèi gòu huā ma?

Lǐ Bái: Chàbuduō gòu. Yīnwèi wǒ měi tiān dōu jì zhàng, zhèyàng kěyǐ bǎ shōurù hé zhīchū zhěnglǐ qīngchu.

Mǎ Xiǎojūn: Nǐ kě zhēn yǒu nàixīn, gēn nǐ bǐ qilai wǒ tài cūxīn le. Wǒ cónglái dōu bù zhīdào zìjǐ huāle duōshao qián.

Lǐ Bái: Yīnwèi nǐ xǐhuan yòng shǒujī zhīfù, nàyàng hěn fāngbiàn, búyòng zhǔnbèi língqián. Búguò, yòng shǒujī zhīfù yě kěyǐ jì zhàng, érqiě xiànzài yǒu hěn duō miǎnfèi jì zhàng ruǎnjiàn, zhěnglǐ shōurù hé zhīchū yě hěn fāngbiàn.

Mǎ Xiǎojūn: Xièxie nǐ de jiànyì, yǐhòu wǒ yě yào yǎngchéng jì zhàng de xíguàn, bù néng luàn huā qián le.

生词

01-2

1.	照相机	zhàoxiàngjī	N	camera
2.	兼职	jiān//zhí/jiānzhí	VO/N	to work part-time; part-time job
3.	赚	zhuàn	V	to earn
4.	健身	jiànshēn	V	to keep fit; to work out
5.	估计	gūjì	V	to estimate
6.	提醒	tí//xǐng	VO	to remind; to warn
7.	冷静	lěngjìng	Adj	calm
8.	生活费	shēnghuófèi	N	living expenses
	费	fèi	N	fee
9.	账	zhàng	N	cost; account
10.	支出	zhīchū	N	expenditure
11.	整理	zhěnglǐ	V	to sort out
12.	从来	cónglái	Adv	always
13.	零钱	língqián	N	loose change
14.	免费	miǎn//fèi	VO	to be free of charge
15.	养成	yǎngchéng	V C	to develop (a habit, etc.)
16.	乱	luàn	Adv	at random

语言点

1. 副词：从来

我从来都不知道自己花了多少钱。

“从来”意为“从过去到现在”，常用在否定句中，表示没有某个习惯或没做过某事。在“不”“未”“没”等前，可简化为“从”，“从”后必须用双音节动词或动词短语。

例如：

"从来" means "from the past to the present". It is often used in negative sentences to indicate that one has no certain habit or has never done something. When used before "不", "未", "没", etc., it can be simplified to "从" and must be followed by a two-syllable verb or verb phrase. For instance:

①不好意思，我从来不喝酒。

②你为什么拍照的时候从来不笑？

③有空儿来我家玩儿吧，你还从没来过呢。

用"从来"回答问题

（1）你在网上买过水果、蔬菜吗？

________________________。

（2）你夏天出门打伞吗？

________________________。

（3）你在中国开过车吗？

________________________。

2. 比一比："从来"和"一直"

相同点： Similarities:

两个词都是副词，都可以表示从过去持续到现在的意思。

Both are adverbs that mean lasting from the past to the present.

①我从来 / 一直都是在网上交电话费。

不同点： Differences:

表示从过去持续到现在时，"从来"的语气更重，且"从来"多用于否定句，肯定句用法较少，"一直"没有这个限制。

When indicating "from the past to the present", "从来" has a stronger tone, and is mostly used in negative sentencces. "从来" is rarely used in affirmative sentences, which is not the case for "一直".

②你从来没吃过，怎么知道好吃不好吃？

③大学毕业以后我一直在北京工作。

当表示持续的时间较短且离现在较近时，只能用“一直”。

When referring to a short period of time close to the present, only “一直” can be used.

④最近一直很热。

选词填空

从来　　一直

（1）对不起，最近我______很忙，没时间见你。

（2）我睡觉前______不吃东西。

（3）他的手机为什么______打不通？

（4）昨晚我______在家写作业，没有出过门。

（5）很多人______没出过国。

课文二

01-3

留学生刚到新的环境，常常会觉得什么都需要。如果不注意，就可能买贵了，或者买回来一些不需要的东西。怎样才能避免这样的情况呢？

第一，养成购物前列清单的好习惯。列清单有很多好处：一方面，列清单可以保证我们买到的都是实际需要的东西，避免冲动消费；另一方面，养成列清单的好习惯也能帮助大家管理时间，让购物变得更有效率。

第二，关注网上的打折活动。现在购物越来越方便，购物方式也越来越多。除了去商店、商场，也可以用手机、电脑在网上购物。网上常有一些大的打折活动，比如“双十一”购物节。在规定购买时间内，有些商品的价格会比平时便宜很多，因为价格便宜，有的商品甚至会在几秒内被购买一空。如果能买到，可以帮助我们省下不少钱。

第三，熟悉购物环境。平时多了解所在城市，熟悉购物环境，多和当地人以及生活经验丰富的人交流。这样不仅能快速适应新生活，而且能减少很多不必要的支出。

学会上面三点，相信你也能做到“只买对的，不买贵的”，做一个理性的消费者。

Liúxuéshēng gāng dào xīn de huánjìng, chángcháng huì juéde shénme dōu xūyào. Rúguǒ bú zhùyì, jiù kěnéng mǎi guì le, huòzhě mǎi huilai yìxiē bù xūyào de dōngxi. Zěnyàng cái néng bìmiǎn zhèyàng de qíngkuàng ne?

Dì-yī, yǎngchéng gòu wù qián liè qīngdān de hǎo xíguàn. Liè qīngdān yǒu hěn duō hǎochù: yì fāngmiàn, liè qīngdān kěyǐ bǎozhèng wǒmen mǎidào de dōu shì shíjì xūyào de dōngxi, bìmiǎn chōngdòng xiāofèi; lìng yì fāngmiàn, yǎngchéng liè qīngdān de hǎo xíguàn yě néng bāngzhù dàjiā guǎnlǐ shíjiān, ràng gòu wù biàn de gèng yǒu xiàolǜ.

Dì-èr, guānzhù wǎng shang de dǎzhé huódòng. Xiànzài gòu wù yuèláiyuè fāngbiàn, gòu wù fāngshì yě yuèláiyuè duō. Chúle qù shāngdiàn, shāngchǎng, yě kěyǐ yòng shǒujī, diànnǎo zài wǎng shang gòu wù. Wǎng shang cháng yǒu yìxiē dà de dǎzhé huódòng, bǐrú “shuāng shíyī” gòu wù jié. Zài guīdìng gòumǎi shíjiān nèi, yǒuxiē shāngpǐn de jiàgé huì bǐ píngshí piányi hěn duō, yīnwèi jiàgé piányi, yǒude shāngpǐn shènzhì huì zài jǐ miǎo nèi bèi gòumǎi yìkōng. Rúguǒ néng mǎidào, kěyǐ bāngzhù wǒmen shěngxia bù shǎo qián.

Dì-sān, shúxi gòu wù huánjìng. Píngshí duō liǎojiě suǒ zài chéngshì, shúxi gòu wù huánjìng, duō hé dāngdìrén yǐjí shēnghuó jīngyàn fēngfù de rén jiāoliú. Zhèyàng bùjǐn néng kuàisù shìyìng xīn shēnghuó, érqiě néng jiǎnshǎo hěn duō bú bìyào de zhīchū.

Xuéhuì shàngmiàn sān diǎn, xiāngxìn nǐ yě néng zuòdào “zhǐ mǎi duì de, bù mǎi guì de”, zuò yí gè lǐxìng de xiāofèizhě.

生词

01-4

1.	怎样	zěnyàng	QPr	how
2.	避免	bìmiǎn	V	to avoid
3.	列	liè	V	to list
4.	清单	qīngdān	N	list
5.	好处	hǎochù	N	advantage; benefit
6.	冲动	chōngdòng	Adj	impulsive
7.	消费	xiāofèi	V	to consume; to spend money
8.	另	lìng	Pron	other
9.	管理	guǎnlǐ	V	to manage
10.	效率	xiàolǜ	N	efficiency
11.	关注	guānzhù	V	to pay attention to
12.	规定	guīdìng	N/V	rule; to specify; to fix
13.	秒	miǎo	M	second (*unit of time*)
14.	一空	yìkōng	Adj	nothing left
	空	kōng	Adj	empty
15.	熟悉	shúxi	V	to know well
16.	当地	dāngdì	N	local
17.	快速	kuàisù	Adj	quick
18.	适应	shìyìng	V	to adapt to
19.	必要	bìyào	Adj	necessary
20.	理性	lǐxìng	Adj	reasonable; rational
21.	者	zhě	Pt	person; -er

语言点

1. 比较句（4）

有些商品的价格会比平时便宜很多。

比较句的基本格式为“A＋比＋B＋谓语”，谓语部分可以由“形容词（＋数量短语）”

充当（见第2册第3课），也可以由动词（短语）、主谓短语等充当。如果谓语由动词（短语）充当，有下面几种情况：

The basic format of a comparative sentence is “A + 比 + B + predicate”, and the predicate can be an adjective (+ Nu-M phrase) (see Lesson 3 of Book 2), a verb (phrase), or a subject-predicate phrase. If the predicate is a verb (phrase), here are the possible cases:

（1）有 + 抽象名词。

有 + abstract noun

①大卫比我有经验，有问题你可以问他。

（2）表示愿望、心理活动的动词，有时后面可以加“一点儿”“得多”等补语。

Verb expressing a desire or a mental activity, which can sometimes be followed by a complement such as “一点儿” or “得多”

②他比你更想参加这次比赛。

③对这件事，他比你关心得多。

（3）一般动词，但前面要有“早、晚、先、后、难、好、多、少”等词。

Notional verb, which must be preceded by “早”, “晚”, “先”, “后”, “难”, “好”, “多”, “少”, etc.

④今天上午要开会，所以我比平时早来了一会儿。

（4）一般动词，但后面要有形容词做情态补语。

Notional verb, which must be followed by an adjective as the modal complement

⑤他昨晚看足球比赛来着，比我睡得晚。

（5）能愿动词 + 一般动词。

Optative verb + notional verb

⑥买衣服你可以问问小丽的建议，她比我会选。

（6）表示提高、减少等含义的动词。

Verb indicating increase, decrease and so on

⑦通过一个假期的努力，我的汉语水平比以前提高了。

用“比较句”回答问题

（1）你平时更喜欢在网上买东西，还是去商店买东西？为什么？

____。

（2）最近，你的汉语有哪些进步？

____。

（3）你喜欢住在城市，还是农村？为什么？

________________________________。

2. 比一比："怎样"和"怎么"

相同点： Similarities:

两个词都是疑问代词，后面跟动词时，都可以用来询问方式。

Both are interrogative pronouns. When followed by a verb, both can be used to ask about the way, method or manner.

①你知道怎样 / 怎么教育孩子吗？

②在网上买东西，怎样 / 怎么才能避免乱花钱？

③你是怎样 / 怎么取得进步的？

不同点： Differences:

"怎么"可以用于询问原因，"怎样"不可以；"怎么"可以放在主语后面，也可以放在主语前面，"怎样"只能放在主语后面。

"怎么" can be used to ask about the reason, while "怎样" cannot; "怎么" can be placed either before or after the subject, but "怎样" can only be placed after the subject.

④你怎么周末上课？

⑤你写的字，我怎么一个也看不懂 / 怎么我一个也看不懂？

⑥那条鱼是怎样游的？

选词填空

怎么　　怎样

（1）来到中国以后，哥哥学会了________做中国菜。

（2）大家都去参加比赛了，你________还在房间里？

（3）已经十二点了，你________还不睡觉？

课堂练习

一、读拼音，写汉字

1. shúxi________　　　　2. guīdìng________

3. guǎnlǐ ________　　6. lěngjìng ________

4. shìyìng ________　　7. xiàolǜ ________

5. hǎochù ________　　8. bìyào ________

二、辨字组词

1. 估____　2. 秒____　3. 免____　4. 心____

故____　秘____　兔____　必____

三、词语搭配

1. 养成　　a. 文件

2. 避免　　b. 生活

3. 熟悉　　c. 情况

4. 整理　　d. 习惯

5. 适应　　e. 事故

四、完成句子或对话

1. 周末商场的人____________________。（比）

2. 请问，办银行卡是收费的，____________________？（免费）

3. A：你用过记账软件吗？

B：____________________。（从来）

4. ____________________，因为用手机付钱就可以了。（必要）

5. 因为图书馆很安静，所以我____________________。（一直）

五、根据课文内容回答问题

1. 根据课文一的内容回答问题。

（1）现在，网上有什么活动？

（2）马小军最近为什么钱包紧张？

（3）李白是怎么管理生活费的？

2. 根据课文二的内容回答问题。

（1）列清单有哪些好处？

（2）为什么很多人喜欢在“双十一”购物节买东西？

（3）怎样熟悉购物环境？

六、根据课文内容填空

“双十一”购物节时，马小军想买的______有活动，活动价格比原来的价格便宜了______。不过，马小军最近钱包紧张，虽然______赚了一点儿钱，但是他办______刚花了几千块，又有朋友要______生日，他______得刷信用卡了。李白______马小军刷信用卡要______。李白建议马小军用手机里面______的记账软件，因为这样可以把收入和支出______清楚。马小军说他以前______不知道自己花了多少钱，以后他也要______记账的习惯，不再______花钱了。

七、任务活动

几位同学一组，互相询问网络购物习惯，完成下表，然后每组选一位代表向全班同学介绍本组的情况。

在调查的过程中，可以问下面的问题：

1. 你常常在哪个购物网站买东西？
2. 你在网上买过哪些东西？
3. 你每个月在网上买东西大概花多少钱？
4. 你觉得在网上买的东西怎么样？

调查的同学	常用购物网站	购买物品	购物金额	网购感受

第二课 请问您的快递号码是多少？

课文一

语言点

1. 副词：稍
2. 趋向补语：下

课文二

语言点

1. 比一比："满足" 和 "满意"
2. 比一比："意见" 和 "建议"

热身话题

1. 为什么现在使用快递的人越来越多？
2. 你认为快递员的工作怎么样？

课文一

02-1

（米雪给快递公司打电话，快递公司的工作人员小李接电话）

小　李：您好，请问您需要什么帮助？

米　雪：您好，我有一个国际快递，是从美国寄过来的，本来应该昨天就能收到，可是现在还没收到，而且快递公司也没有跟我联系。我想问一下是什么原因，会不会丢了啊？

小　李：请问您的快递号码是多少？

米　雪：CJ800290924US。

小　李：请您稍等，我看一下……女士，昨天快递员给您送货了，但是您家里没有人，也给您打电话了，快递上的电话是13953118556，可是接电话的人说打错了。

米　雪：快递上的电话是错的，我的电话是13953118555。

小　李：我记下您的电话了，我会通知快递员尽快跟您联系。

米　雪：这个快递是一份文件，我着急使用，麻烦尽快给我送过来。

小　李：没问题，我会马上安排，今天就能送到。请问您今天什么时候方便？

米　雪：我什么时候都可以。

小　李：好的，快递员很快会跟您联系，您放心吧。请问您还有其他需要帮助的吗？

米　雪：没有了，谢谢！

小　李：不客气，再见。

米　雪：再见。

(Mǐ Xuě gěi kuàidì gōngsī dǎ diànhuà, kuàidì gōngsī de gōngzuò rényuán Xiǎo Lǐ jiē diànhuà)

Xiǎo Lǐ: Nín hǎo, qǐngwèn nín xūyào shénme bāngzhù?

Mǐ Xuě: Nín hǎo, wǒ yǒu yí gè guójì kuàidì, shì cóng Měiguó jì guolai de, běnlái yīnggāi zuótiān jiù néng shōudào, kěshì xiànzài hái méi shōudào, érqiě kuàidì gōngsī yě méiyǒu gēn wǒ liánxì. Wǒ xiǎng wèn yíxià shì shénme yuányīn, huì bu huì diū le a?

Xiǎo Lǐ: Qǐngwèn nín de kuàidì hàomǎ shì duōshao?

Mǐ Xuě: CJ800290924US.

Xiǎo Lǐ: Qǐng nín shāo děng, wǒ kàn yíxià… Nǚshì, zuótiān kuàidìyuán gěi nín sòng huò le, dànshì nín jiāli méiyǒu rén, yě gěi nín dǎ diànhuà le, kuàidì shang de diànhuà shì 13953118556, kěshì jiē diànhuà de rén shuō dǎcuò le.

Mǐ Xuě: Kuàidì shang de diànhuà shì cuò de, wǒ de diànhuà shì 13953118555.

Xiǎo Lǐ: Wǒ jìxia nín de diànhuà le, wǒ huì tōngzhī kuàidìyuán jǐnkuài gēn nín liánxì.

Mǐ Xuě: Zhège kuàidì shì yí fèn wénjiàn, wǒ zháojí shǐyòng, máfan jǐnkuài gěi wǒ sòng guolai.

Xiǎo Lǐ: Méi wèntí, wǒ huì mǎshàng ānpái, jīntiān jiù néng sòngdào. Qǐngwèn nín jīntiān shénme shíhou fāngbiàn?

Mǐ Xuě: Wǒ shénme shíhou dōu kěyǐ.

Xiǎo Lǐ: Hǎo de, kuàidìyuán hěn kuài huì gēn nín liánxì, nín fàngxīn ba. Qǐngwèn nín hái yǒu qítā xūyào bāngzhù de ma?

Mǐ Xuě: Méiyǒu le, xièxie!

Xiǎo Lǐ: Bú kèqi, zàijiàn.

Mǐ Xuě: Zàijiàn.

生词 02-2

1.	快递	kuàidì	N	express delivery
2.	号码	hàomǎ	N	number
3.	使用	shǐyòng	V	to use
4.	员	yuán	Suf	staff; person engaged in a certain field of activity
5.	国际	guójì	Adj/N	international
6.	收	shōu	V	to receive
7.	稍	shāo	Adv	slightly; a little
8.	女士	nǚshì	N	lady
9.	尽快	jǐnkuài	Adv	as soon as possible
10.	文件	wénjiàn	N	file; document
11.	安排	ānpái	V	to arrange

语言点

1. 副词：稍

请您稍等，我看一下。

“稍”，副词，表示程度不深或数量不多。

“稍”, an adverb, means that the degree is not high or the number is not large.

①请您稍等，校长马上就来。

②雨稍小点儿了，我们赶快打车回家吧。

③最近天气太冷，稍不注意就容易感冒。

用"稍"完成句子。

（1）________________，商场马上就开门了。

（2）________________，请您一定要注意安全。

（3）________________，我们坐车去吧。

2. 趋向补语：下

我记下您的电话了。

"下"，动词，在句中可做趋向补语，用在动词后面表示动作完成，并且使结果固定下来，比如"记下""写下""留下""拍下""买下""省下"等。

"下" is a verb that can be used as a directional complement in a sentence. When used after a verb, it indicates the completion of an action and the effect of fixing the result, such as "记下" (to record), "写下" (to write down), "留下" (to leave), "拍下" (to take [a photo]), "买下" (to buy), "省下" (to save) and so on.

①请在试卷上写下自己的名字。

②同屋回国了，给我留下了很多书和生活用品。

③我今年没时间去旅行，省下不少钱。

选词填空

记下　　省下　　拍下　　留下

（1）我已经把你的地址________了。

（2）自己做饭的话，一个月可以________不少钱。

（3）周末去公园，景色很漂亮，我________了很多好看的照片。

（4）北京给我________了很美好的印象。

课文二

02-3

进入21世纪，人们越来越习惯于在网上购物，这是因为网上购物的选择更多，而且也更方便。随着网上购物的快速发展，人们对快递的要求也越来越高了。

第一个要求就是速度要快。在网上购物，大家都希望购买的东西能快点儿送到家，速度越快越好。为了满足这个要求，快递公司在不断地提高速度。同一个城市的快递，大部分一天就能送到；距离比较远的快递，大部分都能在三到七天内送到；如果是特别急的快递，送货速度会更快。

第二个要求是服务态度要好。人们都希望快递员态度热情、友好、有耐心。如果快递员缺少热情和耐心，消费者就可能会对快递员有意见。

第三个要求是服务质量要高。人们都希望快递员细心，能把每一份快递都安全地送到准确的地址。如果快递能安全、准时地送到，消费者的满意度就会大大提高。

由于小区和学校的快递很多，并且有些人收快递也不太方便，所以很多小区和学校都安了快递柜，快递员会把快递放到快递柜里，这为人们收快递提供了方便，也让快递员的工作变得轻松了一些。

Jìnrù 21 shìjì, rénmen yuèláiyuè xíguàn yú zài wǎng shang gòu wù, zhè shì yīnwèi wǎng shang gòu wù de xuǎnzé gèng duō, érqiě yě gèng fāngbiàn. Suízhe wǎng shang gòu wù de kuàisù fāzhǎn, rénmen duì kuàidì de yāoqiú yě yuèláiyuè gāo le.

Dì-yī gè yāoqiú jiù shì sùdù yào kuài. Zài wǎng shang gòu wù, dàjiā dōu xīwàng gòumǎi de dōngxi néng kuài diǎnr sòngdào jiā, sùdù yuè kuài yuè hǎo. Wèile mǎnzú zhège yāoqiú, kuàidì gōngsī zài búduàn de tígāo sùdù. Tóng yí gè chéngshì de kuàidì, dà bùfen yì tiān jiù néng sòngdào; jùlí bǐjiào yuǎn de kuàidì, dà bùfen dōu néng zài sān dào qī tiān nèi sòngdào; rúguǒ shì tèbié jí de kuàidì, sòng huò sùdù huì gèng kuài.

Dì-èr gè yāoqiú shì fúwù tàidù yào hǎo. Rénmen dōu xīwàng kuàidìyuán tàidù rèqíng, yǒuhǎo, yǒu nàixīn. Rúguǒ kuàidìyuán quēshǎo rèqíng hé nàixīn, xiāofèizhě jiù kěnéng huì duì kuàidìyuán yǒu yìjiàn.

Dì-sān gè yāoqiú shì fúwù zhìliàng yào gāo. Rénmen dōu xīwàng kuàidìyuán xìxīn, néng bǎ měi yí fèn kuàidì dōu ānquán de sòngdào zhǔnquè de dìzhǐ. Rúguǒ kuàidì néng ānquán, zhǔnshí de sòngdào, xiāofèizhě de mǎnyìdù jiù huì dàdà tígāo.

Yóuyú xiǎoqū hé xuéxiào de kuàidì hěn duō, bìngqiě yǒuxiē rén shōu kuàidì yě bú tài fāngbiàn, suǒyǐ hěn duō xiǎoqū hé xuéxiào dōu ānle kuàidìguì, kuàidìyuán huì bǎ kuàidì fàngdào kuàidìguì li, zhè wèi rénmen shōu kuàidì tígōngle fāngbiàn, yě ràng kuàidìyuán de gōngzuò biàn de qīngsōngle yìxiē.

生词

02-4

1.	满足	mǎnzú	V	to satisfy
2.	急	jí	Adj	urgent
3.	服务	fúwù	V	to serve
4.	友好	yǒuhǎo	Adj	friendly
5.	缺少	quēshǎo	V	to lack
6.	意见	yìjiàn	N	complaint
7.	细心	xìxīn	Adj	careful
8.	准确	zhǔnquè	Adj	accurate
9.	地址	dìzhǐ	N	address
10.	柜	guì	N	locker
11.	提供	tígōng	V	to provide
12.	轻松	qīngsōng	Adj	easy

语言点

1. 比一比："满足"和"满意"

两个词都是动词，但是用法和强调的内容不一样。"满足"可以是让别人的要求得到实现，也可以是自己感到已经足够。比如“我可以满足你的要求”“他满足于现状，不想改变”“全家人都很爱我，我感觉很满足”。

“满意”表示某人、某事或某种东西完全符合自己的心愿。比如“旅行社的服务很周到，我很满意”“你对自己的成绩满意吗”。

Both are verbs, but their usages and emphases are different. “满足” means either fulfilling the requirements of others or feeling satisfied with oneself. For example, “我可以满足你的要求” (I can meet your requirements), “他满足于现状，不想改变” (He is content with the status quo and does not want to change it), and “全家人都很爱我，我感觉很满足” (The whole family loves me very much and I feel very content).

“满意” means that someone or something is exactly what one wants. For example, “旅行社的服务很周到，我很满意” (The travel agency provides good service. I am very satisfied) and “你对自己的成绩满意吗” (Are you satisfied with your grades?).

选词填空

满足　　满意

（1）任何人都不可能________你所有的要求。

（2）现在的生活水平让我很________。

（3）您对现在的快递服务________吗？

（4）信用卡________了很多年轻人的消费需求。

（5）这家商场的购物环境让顾客很________。

（6）我对你的服务态度不________。

2. 比一比：“意见”和“建议”

“意见”，名词，表示对事情的看法或想法，也可以表示对人或者对事的不满意的想法。

“意见” is a noun used to express views or thoughts on something, or dissatisfaction with someone or something.

①工作应该怎么做，请大家谈谈自己的意见。

②学生宿舍常常停电，同学们的意见很大。

③我对你们公司的服务质量有意见。

“建议”，名词，表示向别人提出的主张，也可以做动词，表示向别人提出自己的主张。

“建议” can be used as a noun referring to a suggestion to others or as a verb to put forward a proposal to others.

④关于怎么学好汉语，老师给了我很多建议。

⑤朋友建议我养成记账的习惯。

⑥我不建议你工作以后马上买房子。

选词填空

意见　　建议

（1）医生的态度很差，我对他有________。

（2）妈妈接受了我的________，每天骑车上下班。

（3）学生________在校园里多安装几个快递柜。

课堂练习

一、读拼音，写汉字

1. zhǔnquè ________
2. fúwù ________
3. guójì ________
4. dìzhǐ ________
5. hàomǎ ________
6. qīngsōng ________
7. yìjiàn ________
8. yǒuhǎo ________

二、辨字组词

1. 饱____　抱____
2. 提____　题____
3. 意____　音____
4. 缺____　快____

三、词语搭配

1. 满足　　a. 方式
2. 缺少　　b. 食品
3. 安排　　c. 要求
4. 使用　　d. 房间
5. 提供　　e. 经验

四、完成句子或对话

1. ____________________，可是手机没电了。（本来）

2. 这家饭店的菜味道很好，____________________。（并且）

3. 如果肚子突然疼得厉害，____________________。（尽快）

4. A：快递公司为什么不断提高送货速度？

   B：____________________。（满足）

5. A：你对现在的快递服务感觉怎么样？

   B：____________________。（满意）

五、根据课文内容回答问题

1. 根据课文一的内容回答问题。

（1）米雪为什么给快递公司打电话？

（2）快递员为什么联系不上米雪？

（3）米雪什么时候方便收快递？

2. 根据课文二的内容回答问题。

（1）人们为什么越来越习惯于在网上购物？

（2）消费者可能对什么样的快递员不满意？

（3）快递柜对生活有什么影响？

六、根据课文内容填空

米雪有一个国际______，这是一______文件，是从美国______过来的。______应该昨天就能收到，可是现在不但没收到，______快递公司也没有跟她______。她很着急，也很担心______了，于是她给快递公司______。快递公司的工作人员小李告诉米雪，快递员昨天就给她送货了，______家里没有人，给她打电话，接电话的人说______了，原来快递上的电话是错的。小李记______了米雪的电话号码，并且告诉米雪，快递员今天就会把快递给她送到家。

七、任务活动

我们经常在网上买东西，有的时候买的东西不合适，就要退货。两位同学一组，互相了解对方网购退货的经历。在了解的过程中，可以问下面的问题：

1. 你有过网购退货的经历吗？
2. 为什么要退货？
3. 收到商品多长时间以后，你决定要退货？
4. 介绍一下你的退货过程。
5. 你对退货结果满意吗？为什么？

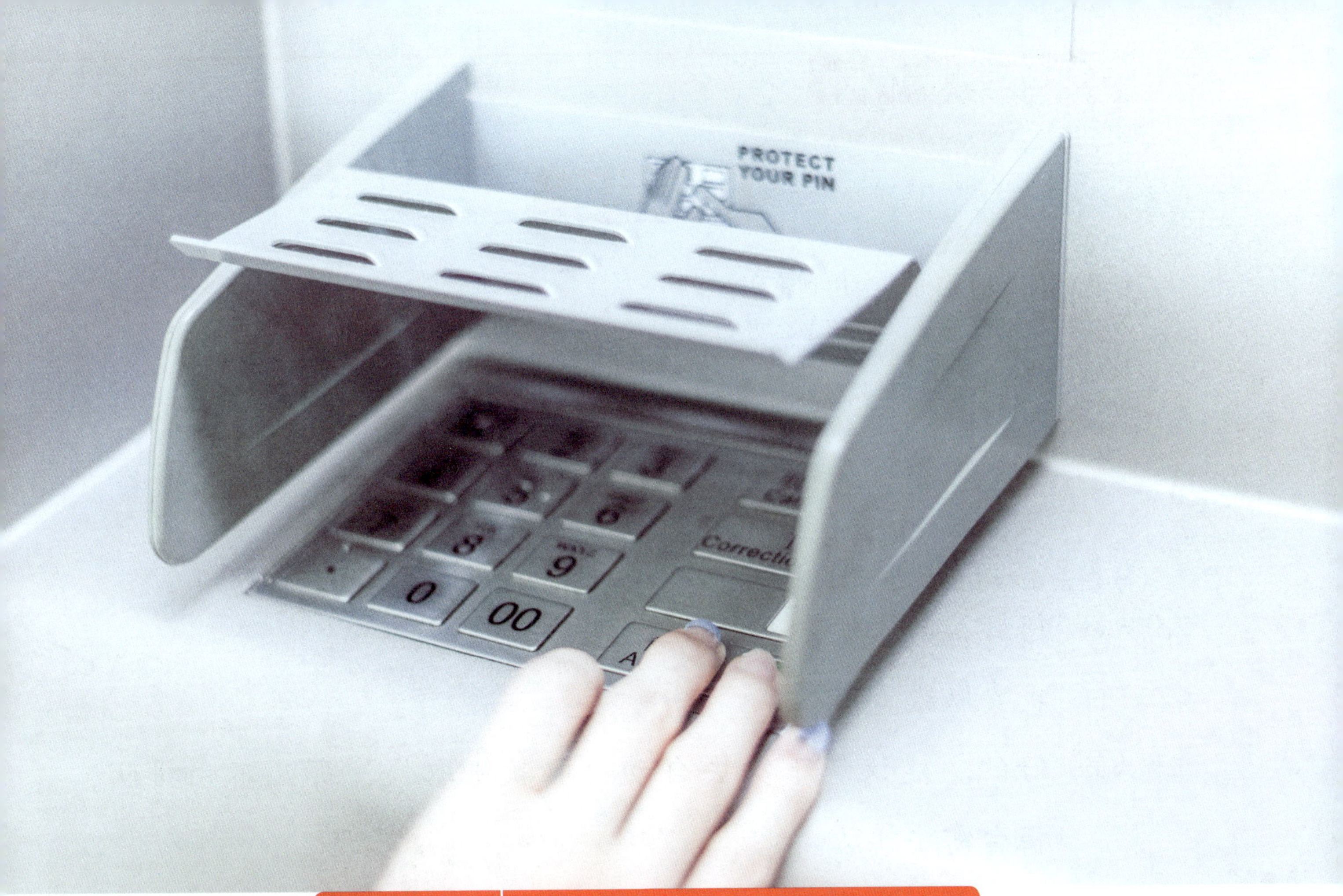

第三课　您的新密码已设置成功

课文一

语言点

1. 量词：遍
2. 副词：恐怕

课文二

语言点

1. 连词：否则
2. 复合趋向补语：下来

热身话题

1. 我们什么时候可能会用到密码？
2. 如果把密码忘了，应该怎么办？

课文一

03-1

（李白去银行取钱，下面是李白和银行工作人员的对话）

工作人员：您好，请问您办理什么业务？

李　　白：我要取钱。

工作人员：好的。建议您下次去自动存取款机取钱，那儿不用排队，柜台需要排队。

李　　白：我本来也打算在取款机上取钱的，可是我在那儿没取出来。

工作人员：取款机有什么问题吗？

李　　白：不是取款机的问题，是我把取款密码忘了。怎么办呢？我着急取钱。

工作人员：不用着急，重新设置密码就可以了。请问您带证件了吗？

李　　白：护照可以吗？我带着护照呢。

工作人员：当然可以，请把护照和银行卡给我。

（李白把护照和银行卡都交给了工作人员）

工作人员：请您设置新的密码，相同的密码需要输入两遍。

李　　白：好的。

（李白输入了两遍密码）

工作人员：您的新密码已设置成功，可以使用了。

李　　白：可以取钱了吗？

工作人员：可以了……您输入的还是错误密码，请重新输入。

李　　白：真不好意思，我又输错了。真不是故意的，我的脑子恐怕出问题了，我马上重新输。

工作人员：您可真幽默！

(Lǐ Bái qù yínháng qǔ qián, xiàmiàn shì Lǐ Bái hé yínháng gōngzuò rényuán de duìhuà)

Gōngzuò rényuán: Nín hǎo, qǐngwèn nín bànlǐ shénme yèwù?

Lǐ Bái: Wǒ yào qǔ qián.

Gōngzuò rényuán: Hǎo de. Jiànyì nín xià cì qù zìdòng cún-qǔkuǎnjī qǔ qián, nàr búyòng páiduì, guìtái xūyào páiduì.

Lǐ Bái: Wǒ běnlái yě dǎsuàn zài qǔkuǎnjī shang qǔ qián de, kěshì wǒ zài nàr méi qǔ chūlái.

Gōngzuò rényuán: Qǔkuǎnjī yǒu shénme wèntí ma?

Lǐ Bái: Bú shì qǔkuǎnjī de wèntí, shì wǒ bǎ qǔ kuǎn mìmǎ wàng le. Zěnme bàn ne? Wǒ zháojí qǔ qián.

Gōngzuò rényuán: Búyòng zháojí, chóngxīn shèzhì mìmǎ jiù kěyǐ le. Qǐngwèn nín dài zhèngjiàn le ma?

Lǐ Bái: Hùzhào kěyǐ ma? Wǒ dàizhe hùzhào ne.

Gōngzuò rényuán: Dāngrán kěyǐ, qǐng bǎ hùzhào hé yínhángkǎ gěi wǒ.

(Lǐ Bái bǎ hùzhào hé yínhángkǎ dōu jiāo gěi le gōngzuò rényuán)

Gōngzuò rényuán: Qǐng nín shèzhì xīn de mìmǎ, xiāngtóng de mìmǎ xūyào shūrù liǎng biàn.

Lǐ Bái: Hǎo de.

(Lǐ Bái shūrùle liǎng biàn mìmǎ)

Gōngzuò rényuán: Nín de xīn mìmǎ yǐ shèzhì chénggōng, kěyǐ shǐyòng le.

Lǐ Bái: Kěyǐ qǔ qián le ma?

Gōngzuò rényuán: Kěyǐ le… Nín shūrù de háishi cuòwù mìmǎ, qǐng chóngxīn shūrù.

Lǐ Bái: Zhēn bù hǎoyìsi, wǒ yòu shūcuò le. Zhēn bú shì gùyì de, wǒ de nǎozi kǒngpà chū wèntí le, wǒ mǎshàng chóngxīn shū.

Gōngzuò rényuán: Nín kě zhēn yōumò!

生词

03-2

1.	密码	mìmǎ	N	password
2.	设置	shèzhì	V	to set (up)
3.	下面	xiàmiàn	N	below
4.	对话	duìhuà	V	(to have a) dialogue
5.	业务	yèwù	N	business; service
6.	自动	zìdòng	Adj	automatic
7.	存	cún	V	to deposit
8.	取款机	qǔkuǎnjī	N	ATM
9.	柜台	guìtái	N	counter
10.	重新	chóngxīn	Adv	again; afresh
11.	证件	zhèngjiàn	N	credentials; papers
12.	交	jiāo	V	to hand over
13.	相同	xiāngtóng	Adj	same
14.	输入	shūrù	V	to input
15.	遍	biàn	M	time(s)
16.	错误	cuòwù	Adj	wrong
17.	故意	gùyì	Adv	on purpose
18.	脑子	nǎozi	N	brain
19.	恐怕	kǒngpà	Adv	perhaps
20.	幽默	yōumò	Adj	humorous

语言点

1. 量词：遍

相同的密码需要输入两遍。

“遍”，动量词，指动作从开始到结束的整个过程。

“遍”, a verbal measure word, refers to the entire process of an action from beginning to end.

①这首歌我已经听了三遍了。

②有的书很难懂，如果第一遍没读明白，我就再读一遍。

③请同学们把课文背一遍。

④特别喜欢的电影，我会看很多遍。

选词填空

遍　　趟　　次　　下

（1）这是我第一________吃北京烤鸭。

（2）我来介绍一________，这是我的中国好朋友丽丽。

（3）上个周末，我去了一________上海。

（4）老师，我没听明白，请您再讲一________。

2. 副词：恐怕

我的脑子恐怕出问题了。

“恐怕”有副词用法，表示担心与估计，估计的内容常常是不好的。

“恐怕” can be used as an adverb to express worry and estimation, often an estimation that is not good.

①还有十分钟火车就要开了，我们恐怕赶不上了。

②我找了三遍也没找到钱包，恐怕是丢了。

③我们已经十年没见面了，现在恐怕不认识了。

④修手机不便宜，恐怕要花几百块钱。

选词填空

恐怕　　可能

（1）一个月学会一门语言，我觉得不________。

（2）你想出国留学？________爸爸不会同意的。

（3）电脑打不开了，________是坏了。

（4）玛丽已经很长时间不来上课了，很________回国了。

课文二

03-3

我们的生活离不开密码。网上购物需要密码，去银行取钱要用密码，打开手机离不开密码，甚至有的人进家门都要输入密码。所以，设置安全的密码是一件很重要的事。

那么，什么样的密码是安全的呢？首先，密码的长度要合适，太短容易被猜到，太长容易忘，一般的密码由6～16个字母、数字或符号组成；其次，长密码最好选取字母、数字和符号组合的方式，这样的密码虽然不容易记住，但是也很难被别人猜到；最后，密码一定不要用你自己的名字和生日，也不要使用电话号码、手机号码等，否则也不安全。

当然，用上面的办法设置的密码是安全了，但有时候也会遇到忘记密码的烦恼。有人说把密码写下来就可以了。李白喜欢把密码记在一张纸上，还很小心地把它放在一个信封里，但麻烦的是他经常忘记把信封藏在哪儿了。

Wǒmen de shēnghuó lí bu kāi mìmǎ. Wǎng shang gòu wù xūyào mìmǎ, qù yínháng qǔ qián yào yòng mìmǎ, dǎkāi shǒujī lí bu kāi mìmǎ, shènzhì yǒude rén jìn jiāmén dōu yào shūrù mìmǎ. Suǒyǐ, shèzhì ānquán de mìmǎ shì yí jiàn hěn zhòngyào de shì.

Nàme, shénme yàng de mìmǎ shì ānquán de ne? Shǒuxiān, mìmǎ de chángdù yào héshì, tài duǎn róngyì bèi cāidào, tài cháng róngyì wàng, yìbān de mìmǎ yóu 6~16 gè zìmǔ, shùzì huò fúhào zǔchéng; qícì, cháng mìmǎ zuìhǎo xuǎnqǔ zìmǔ, shùzì hé fúhào zǔhé de fāngshì, zhèyàng de mìmǎ suīrán bù róngyì jìzhù, dànshì yě hěn nán bèi biérén cāidào; zuìhòu, mìmǎ yídìng búyào yòng nǐ zìjǐ de míngzi hé shēngrì, yě búyào shǐyòng diànhuà hàomǎ, shǒujī hàomǎ děng, fǒuzé yě bù ānquán.

Dāngrán, yòng shàngmiàn de bànfǎ shèzhì de mìmǎ shì ānquán le, dàn yǒu shíhou yě huì yùdào wàngjì mìmǎ de fánnǎo. Yǒu rén shuō bǎ mìmǎ xiě xialai jiù kěyǐ le. Lǐ Bái xǐhuan bǎ mìmǎ jì zài yì zhāng zhǐ shang, hái hěn xiǎoxīn de bǎ tā fàng zài yí gè xìnfēng li. dàn máfan de shì tā jīngcháng wàngjì bǎ xìnfēng cáng zài nǎr le.

生词 03-4

1.	长度	chángdù	N	length
2.	猜	cāi	V	to guess
3.	字母	zìmǔ	N	letter (of the alphabet)
4.	或	huò	Conj	or
5.	符号	fúhào	N	symbol
6.	组成	zǔchéng	V	to compose; to make up
7.	选取	xuǎnqǔ	V	to select
8.	组合	zǔhé	V	to combine
9.	方式	fāngshì	N	way; manner
10.	否则	fǒuzé	Conj	or else; otherwise
11.	纸	zhǐ	N	paper
12.	信封	xìnfēng	N	envelope
13.	藏	cáng	V	to hide

语言点

1. 连词：否则

……，否则也不安全。

“否则”，连词，连接两个分句，“否则”在第二个分句句首，表示“如果不是这样”。

“否则” is a conjunction to connect two clauses. It is used at the beginning of the second clause, meaning “if not; otherwise”.

①妈妈一定很想我，否则不会天天给我打电话。

②明天千万不要下雨，否则就不能去爬泰山了。

③工作以后还是买辆车吧，否则上下班很不方便。

④一定要按时吃药，好好儿休息，否则病情会更严重。

用“否则”完成句子

（1）我们赶快出发吧，____________________。

（2）考试前一定要好好儿复习，____________________。

（3）不能长时间看手机，____________________。

（4）你还是多穿点儿衣服吧，____________________。

2. 复合趋向补语：下来

有人说把密码写下来就可以了。

“下来”，动词，在句中可做复合趋向补语，用在动词后面表示动作完成，有时还有固定的意思。

“下来” is a verb that can be used as a compound directional complement in a sentence. It is used after another verb to indicate the completion of an action, sometimes implying an effect of fixing.

①我用了两个小时才把课文背下来。

②你把电话号码都抄下来了吗？

③我们的意见都写下来了，您看看吧。

选词填空

存　　买　　住

①哥哥很少花钱，他把大部分工资都________下来了。

②来到中国以后，我就在这个小区________下来了。

③老板打算把附近的那家饭店________下来。

课堂练习

一、读拼音，写汉字

1. yínháng ________
2. cuòwù ________
3. duìhuà ________
4. fǒuzé ________
5. gùyì ________
6. kǒngpà ________
7. chángdù ________
8. fúhào ________
9. mìmǎ ________
10. xìnfēng ________

二、辨字组词

1. 银____　根____
2. 否____　不____
3. 恐____　想____
4. 言____　信____

三、词语搭配

1. 重新　　a. 问题
2. 选取　　b. 安排
3. 遇到　　c. 号码
4. 故意　　d. 密码
5. 输入　　e. 摔倒

四、完成句子或对话

1. 老师，我没听懂，________________。（重新）

2. 明天要早点儿起床，________________。（否则）

3. 同桌一个星期没来上课了，________________。（恐怕）

4. A：后天是小王的生日，送他什么礼物合适呢？

B：送点儿小礼物就可以，＿＿＿＿＿＿＿＿＿＿。（比如）

5. A：你打算什么时候去医院？

B：＿＿＿＿＿＿＿＿＿＿（或），还没决定。

五、根据课文内容回答问题

1. 根据课文一的内容回答问题。

（1）李白为什么没在自动存取款机取钱？

（2）在银行给银行卡重新设置密码，需要带什么？

2. 根据课文二的内容回答问题。

（1）我们什么时候需要使用密码？

（2）什么样的密码是安全的？

（3）李白遇到了什么麻烦？

六、根据课文内容填空

李白去银行取钱，可是他忘了＿＿＿＿密码，银行工作人员让李白＿＿＿＿设置密码。设置密码的时候，＿＿＿＿的密码要输两＿＿＿＿。新密码设置成功后，李白的银行卡就可以＿＿＿＿了。可是李白再次输入密码的时候，他又输错了，但他不是＿＿＿＿的。

七、任务活动

手机支付是一种新的支付方式，简单方便。但是，也有很多人还是更习惯于传统的现金支付或银行卡、信用卡支付。几位同学一组，互相了解各自的支付习惯，并完成表格，然后整理调查结果，每组选一位代表向老师和同学们介绍。

调查的同学	习惯的支付方式			原因
	手机支付	现金支付	银行卡、信用卡支付	

第四课　面试时要有自信

课文一

语言点

1. 格式：A 不如 B（这么 / 那么）+ 形容词
2. 比一比："原来"和"本来"

课文二

语言点

1. 介词 / 动词：通过
2. 比一比："通过"和"经过"
3. 比一比："想起来"和"想出来"
4. 比一比："所以"和"因此"

热身话题

1. 什么时候需要进行面试？
2. 说一说面试前需要做哪些准备？

课文一

04-1

（下课后，回宿舍的路上）

王老师：米雪，我觉得你最近好像不如以前活泼，下课时总是抱着材料在看，是不是有什么事？

米　雪：我下周要参加一个面试，这几天非常紧张，总是害怕通不过。

王老师：原来是这样啊。你应聘的是什么工作？

米　雪：我看到一家公司在招聘销售经理，想试试。

王老师：你不是最喜欢销售吗？我觉得这个职业也很适合你。

米　雪：对，我做过销售工作，有一些销售的经验，所以非常希望能应聘成功。可是，我很害怕面试的时候别人听不懂我说的话。

王老师：我觉得你的口语基础还不错，说得很流利。

米　雪：不紧张的时候我的口语还可以，可是我担心自己一紧张，就不知道该说什么了。

王老师：要做到面试不紧张，重要的是要提前做好准备。你可以先总结一下自己的工作和学习经历，准备一个三到五分钟的自我介绍，还要多想想对方可能问到的问题。举个例子，如果他们问工作以后能接受经常加班吗，你可以提前考虑一下该怎么回答。

米　雪： 老师，太感谢您了，我知道该准备什么了。

王老师： 我相信你一定能成功。

(Xiàkè hòu, huí sùshè de lùshang)

Wáng lǎoshī: Mǐ Xuě, wǒ juéde nǐ zuìjìn hǎoxiàng bùrú yǐqián huópō, xiàkè shí zǒngshì bàozhe cáiliào zài kàn, shì bu shì yǒu shénme shì?

Mǐ Xuě: Wǒ xià zhōu yào cānjiā yí gè miànshì, zhè jǐ tiān fēicháng jǐnzhāng, zǒngshì hàipà tōng bu guò.

Wáng lǎoshī: Yuánlái shì zhèyàng a. Nǐ yìngpìn de shì shénme gōngzuò?

Mǐ Xuě: Wǒ kàndào yì jiā gōngsī zài zhāopìn xiāoshòu jīnglǐ, xiǎng shìshi.

Wáng lǎoshī: Nǐ bú shì zuì xǐhuan xiāoshòu ma? Wǒ juéde zhège zhíyè yě hěn shìhé nǐ.

Mǐ Xuě: Duì, wǒ zuòguo xiāoshòu gōngzuò, yǒu yìxiē xiāoshòu de jīngyàn, suǒyǐ fēicháng xīwàng néng yìngpìn chénggōng. Kěshì, wǒ hěn hàipà miànshì de shíhou biérén tīng bu dǒng wǒ shuō de huà.

Wáng lǎoshī: Wǒ juéde nǐ de kǒuyǔ jīchǔ hái búcuò, shuō de hěn liúlì.

Mǐ Xuě: Bù jǐnzhāng de shíhou wǒ de kǒuyǔ hái kěyǐ, kěshì wǒ dānxīn zìjǐ yì jǐnzhāng, jiù bù zhīdào gāi shuō shénme le.

Wáng lǎoshī: Yào zuòdào miànshì bù jǐnzhāng, zhòngyào de shì yào tíqián zuòhǎo zhǔnbèi. Nǐ kěyǐ xiān zǒngjié yíxià zìjǐ de gōngzuò hé xuéxí jīnglì, zhǔnbèi yí gè sān dào wǔ fēn zhōng de zìwǒ jièshào, hái yào duō xiǎngxiang duìfāng kěnéng wèndào de wèntí. Jǔ gè lìzi, rúguǒ tāmen wèn gōngzuò yǐhòu néng jiēshòu jīngcháng jiābān ma, nǐ kěyǐ tíqián kǎolǜ yíxià gāi zěnme huídá.

Mǐ Xuě: Lǎoshī, tài gǎnxiè nín le, wǒ zhīdào gāi zhǔnbèi shénme le.

Wáng lǎoshī: Wǒ xiāngxìn nǐ yídìng néng chénggōng.

生词 04-2

1.	活泼	huópō	Adj	vivacious
2.	通过	tōng//guò	VC	to pass (an exam, interview, etc.)
3.	口语	kǒuyǔ	N	spoken language
4.	基础	jīchǔ	N	basis
5.	流利	liúlì	Adj	fluent
6.	总结	zǒngjié	V	to summarize
7.	经历	jīnglì	N	experience
8.	自我	zìwǒ	Pron	self
9.	对方	duìfāng	N	the other party
10.	举	jǔ	V	to cite; to enumerate
11.	例子	lìzi	N	example
12.	加班	jiā//bān	VO	to work overtime

语言点

1. 格式：A 不如 B（这么 / 那么）+ 形容词

我觉得你最近好像不如以前活泼。

“不如”，表示前面提到的人或者事物比不上后面所说的。

“不如” means that the person or thing mentioned earlier is not as good as the one mentioned later.

①在家做饭不如点外卖方便。

②这只小狗不如我的可爱。

③我刚工作一年，经验不如你的那么多。

用“不如”改写句子

（1）哥哥学习很努力，弟弟学习不努力。

______________________________。

（2）用电脑打字很容易，写字不容易。

________________________________。

（3）我了解的中国文化很多，爸爸了解的中国文化少。

________________________________。

2. 比一比："原来"和"本来"

（1）两者都可以做副词，表示现在的情况和以前不一样了。例如：

Both can be used as adverbs, indicating that the current situation is different from before. For instance:

①这件衣服原来/本来挺合适的，现在小了。

②我们原来/本来不认识，后来因为工作的关系越来越熟悉了。

"原来"可以表示发现了以前不知道的情况或者突然明白了某事，"本来"不可以。例如：

"原来" can mean that you discover something you didn't know before or suddenly understand something, but "本来" can't. For instance:

③原来她就是你常常说的王老师啊！

④我还以为是小王给我打的电话呢，原来是小王的爱人。

"本来"可以表示按道理就是这样，常用格式为"本来+就/该/应该……"，"原来"不可以。例如：

"本来" can mean that this is how things should be logically. The common format is "本来 + 就/该/应该……". "原来" cannot be used in this way. For instance:

⑤这本书本来前天就到期了，可我这两天一直没空儿还。

⑥我本来应该昨天就去找你，真不好意思！

（2）两者都可以做形容词，表示原有的、起初的意思。但是"原来"还有"未经变动"的意思。例如：

Both can be used as adjectives to mean "original" or "in the beginning", but "原来" also means "unchanged". For instance:

⑦好几年没见面了，她还是原来/本来的样子。

⑧这件衣服穿了很多年，有点儿旧了，原来/本来的颜色比现在鲜艳。

⑨跟三年前一样，我还住原来的房间。

（3）“原来”还可以做时间名词，意思是“以前”，“本来”没有这种用法。例如：

“原来” can be used as a temporal noun, meaning “before”. “本来” has no such usage. For instance:

⑩这幅画儿是我原来画的，不是现在画的。

⑪经过四年的学习，大卫的汉语比原来说得流利多了。

选词填空

原来　　本来

（1）我________打算只在中国学习一年，但是现在我想再学一年。

（2）几年没见了，他一点儿都没变，还是________的样子。

（3）我________不喜欢吃水果，可是报纸上说吃水果对身体有好处，我慢慢也开始吃水果了。

（4）________的桌子太小了，我昨天买了一张大的。

（5）这两年，人们的生活水平比________提高了不少。

（6）我已经好几个月没看见小王了，________他出国了。

（7）你的身体还没好，________就不应该吃那么凉的东西。

课文二

04-3

公司招聘员工时，一般要进行面试，通过面对面的交流了解应聘者。面试非常重要，那么怎样才能顺利通过面试呢？

首先，要克服紧张情绪。一般应聘者面试时都容易紧张，但如果太紧张，就可能什么也想不起来，也就不能让对方了解真正的自己。因此，克服紧张情绪非常重要，有时甚至是决定面试成败的关键。

其次，要提前准备好自我介绍，想好怎么向别人介绍自己。面试时，一般第一个问题就是“请您做一个三分钟的自我介绍”。自我介绍不能随便说，要突出自己的能力和特点，否则就不能给别人留下特别的印象。对方不仅想了解你的知识和能力，还在乎你做过什么成功的事情，是怎么成功的。所以自我介绍时，可以简单说一段成功经历，这样便于对方更好地了解你、相信你。

参加面试还有很多需要注意的问题。比如：回答问题时一定要充满自信，没有哪个公司愿意招一个对自己或将来的工作没有信心的人；说话时最好放慢速度，这样不仅可以减轻紧张情绪，而且可以多给自己一些思考的时间，使自己看起来更加自信。

Gōngsī zhāopìn yuángōng shí, yìbān yào jìnxíng miànshì, tōngguò miànduìmiàn de jiāoliú liǎojiě yìngpìnzhě. Miànshì fēicháng zhòngyào, nàme zěnyàng cái néng shùnlì tōngguò miànshì ne?

Shǒuxiān, yào kèfú jǐnzhāng qíngxù. Yìbān yìngpìnzhě miànshì shí dōu róngyì jǐnzhāng, dàn rúguǒ tài jǐnzhāng, jiù kěnéng shénme yě xiǎng bu qǐlái, yě jiù bù néng ràng duìfāng liǎojiě zhēnzhèng de zìjǐ. Yīncǐ, kèfú jǐnzhāng qíngxù fēicháng zhòngyào, yǒushí shènzhì shì juédìng miànshì chéngbài de guānjiàn.

Qícì, yào tíqián zhǔnbèi hǎo zìwǒ jièshào, xiǎnghǎo zěnme xiàng biérén jièshào zìjǐ. Miànshì shí, yìbān dì-yī gè wèntí jiù shì “qǐng nín zuò yí gè sān fēn zhōng de zìwǒ jièshào”. Zìwǒ jièshào bù néng suíbiàn shuō, yào tūchū zìjǐ de nénglì hé tèdiǎn, fǒuzé jiù bù néng gěi biérén liúxià tèbié de yìnxiàng. Duìfāng bùjǐn xiǎng liǎojiě nǐ de zhīshi hé nénglì, hái zàihu nǐ zuòguo shénme chénggōng de shìqing, shì zěnme chénggōng de. Suǒyǐ zìwǒ jièshào shí, kěyǐ jiǎndān shuō yí duàn chénggōng jīnglì, zhèyàng biànyú duìfāng gèng hǎo de liǎojiě nǐ, xiāngxìn nǐ.

Cānjiā miànshì hái yǒu hěn duō xūyào zhùyì de wèntí. Bǐrú: huídá wèntí shí yídìng yào chōngmǎn zìxìn, méiyǒu nǎge gōngsī yuànyì zhāo yí gè duì zìjǐ huò jiānglái de gōngzuò méiyǒu xìnxīn de rén; shuōhuà shí zuìhǎo fàngmàn sùdù, zhèyàng bùjǐn kěyǐ jiǎnqīng jǐnzhāng qíngxù, érqiě kěyǐ duō gěi zìjǐ yìxiē sīkǎo de shíjiān, shǐ zìjǐ kàn qilai gèngjiā zìxìn.

生词

04-4

1.	招聘	zhāopìn	V	to recruit
2.	员工	yuángōng	N	employee
3.	通过	tōngguò	Prep	through; by means of
4.	面对面	miànduìmiàn		face to face
5.	克服	kèfú	V	to overcome
6.	情绪	qíngxù	N	emotion
7.	真正	zhēnzhèng	Adj	real; true
8.	因此	yīncǐ	Conj	therefore
9.	甚至	shènzhì	Conj	even
10.	成败	chéngbài	N	success and failure
11.	关键	guānjiàn	N	key
12.	随便	suíbiàn	Adj	random; casual
13.	突出	tūchū	V	to highlight; to stress
14.	特点	tèdiǎn	N	characteristic
15.	知识	zhīshi	N	knowledge
16.	在乎	zàihu	V	to care
17.	简单	jiǎndān	Adj	simple
18.	便于	biànyú	V	to be easy to
19.	充满	chōngmǎn	V	to be full of
20.	自信	zìxìn	N	self-confidence
21.	愿意	yuànyì	V	to be willing to
22.	信心	xìnxīn	N	confidence
23.	放慢	fàngmàn	V C	to slow down
24.	思考	sīkǎo	V	to think; to consider
25.	更加	gèngjiā	Adv	more

语言点

1. 介词 / 动词：通过

通过面对面的交流了解应聘者。

那么怎样才能顺利通过面试呢？

“通过”，可以做介词，表示以人或事物为媒介或手段而达到某种目的。例如：

“通过” can be used as a preposition, meaning that somebody or something is used as a medium or means to achieve a certain goal. For instance:

①通过学习汉语，他了解了很多关于中国文化的知识。

②他们通过网络，慢慢成了很好的朋友。

“通过”还可以做动词，表示从一边或一端到另一边或另一端，还可以表示达到了某种标准或要求。

“通过” can also be used as a verb, meaning from one side/end to the other. It can also indicate that a certain standard or requirement has been met.

③学校南门正在修，汽车不能通过。

④有三位应聘者通过了这次面试。

⑤他学习很努力，很快就通过了汉语水平考试。

用所给的词语组成句子

（1）这件事　通过　她　了解　我　更　了

____。

（2）查词典　通过　知道　我　了　这个词的意思

____。

（3）没有　他　通过　伤心　所以　面试　很

____。

2. 比一比：“通过”和“经过”

相同点： Similarities:

两者都可以做动词，表示从一端到另一端，都可以用于空间和过程。

Both can be used as verbs, meaning from one end to the other in space or in process.

①这趟列车通过 / 经过了三座大桥。

不同点： Differences:

做动词时，"通过"有同意或承认的意思，但"经过"没有这种用法。"经过"有"路过"的意思，但"通过"没有这种用法。

When used as a verb, "通过" has the meaning of consent or recognition, but "经过" has no such meaning. "经过" can mean passing by someplace, but "通过" cannot.

②这次会议通过了政府工作报告。

③去上海要经过南京。

选词填空

通过　　经过

（1）________这次培训，我提高了认识。

（2）学生们________不同方法解决了这个问题。

（3）________老师的认真讲解，我终于明白了这个问题。

（4）科学家________研究发现，这种病毒很容易在人群中传播。

（5）老师________问其他同学，终于了解了大卫常常迟到的原因。

3. 比一比："想起来"和"想出来"

"想起来"表示恢复大脑中已有的记忆；"想出来"表示原来不知道，现在大脑中产生了新的想法。"想不起来"表示记忆无法恢复；"想不出来"表示没有能力想出来，大脑中不能产生新的想法。"想不起来""想不出来"也可以说成"想不起""想不出"。例如：

"想起来" means to recall an existing memory in the brain; "想出来" means that one didn't know something before, but comes up with a new idea now. "想不起来" indicates the failure to recall the memory, and "想不出来" refers to the inability to think up or develop a new idea in mind. "想不起来" and "想不出来" can also be abbreviated to "想不起" and "想不出". For instance:

①我想起来把钥匙放在哪里了。

②米雪想出来一个好办法，我们可以试试。

③我真的想不起（来）这个词是什么意思了。

④你这么聪明，怎么想不出（来）好主意呢？

选词填空

想起来　　想出来　　想不起来　　想不出来

（1）这个好主意是谁________的？

（2）我________这首歌是谁唱的了。

（3）大卫________了，他的护照在书包里。

（4）我________这道题的答案，我们还是去问老师吧。

4. 比一比："所以"和"因此"

两者都是连词，表示因果关系，但是它们的用法不完全相同。"所以"常跟"因为""由于"连用，构成"因为/由于……，所以……"格式；而"因此"不能和"因为""由于"搭配。另外，"所以"可以用在前一分句的主语和谓语之间，构成"……之所以……，是因为……"的格式，"因此"没有这种用法。例如：

Both are conjunctions that indicate causal relationship, but their usages are not exactly the same. "所以" is often used together with "因为" or "由于" to form "因为/由于……，所以……". "因此", however, cannot be used together with "因为" or "由于". Moreover, "所以" can be used between the subject and predicate of the previous clause to form "……之所以……，是因为……", but "因此" cannot. For instance:

①因为今天天气不好，所以飞机不能按时起飞。

②由于大卫的脚受伤了，他不能参加这次长跑比赛。

③小王之所以迟到了，是因为今天路上堵车。

选词填空

因此　　所以　　之所以

（1）因为他汉语说得特别流利，________老师让他去参加"汉语桥"比赛。

（2）由于明天有大雨，________运动会改到下个星期举行。

（3）这本书________这么受欢迎，是因为它的故事真实，很吸引人。

（4）我和大卫认识很多年了，________我很了解他。

课堂练习

一、读拼音，写汉字

1. huópō ________
2. jīchǔ ________
3. duìfāng ________
4. zhāopìn ________
5. kèfú ________
6. guānjiàn ________
7. chōngmǎn ________
8. sīkǎo ________

二、辨字组词

1. 活____ 适____
2. 历____ 厉____
3. 因____ 困____
4. 特____ 持____

三、词语搭配

1. 总结
2. 招聘
3. 克服
4. 放慢
5. 充满

a. 自信
b. 困难
c. 员工
d. 速度
e. 经验

四、完成句子或对话

1. A：快来尝尝我做的菜，看看味道怎么样？
   B：____________________，我一直以为你不会呢。（原来）
2. 汉语水平不够的话，学习专业课时就会遇到很多困难，____________________。（因此）
3. 他工作太忙了，____________________。（甚至）
4. 我想找一家离家近的公司，这样____________________。（便于）
5. 父母慢慢地变老了，我们应该____________________。（更加）

五、根据课文内容回答问题

1. 根据课文一的内容回答问题。

（1）米雪为什么最近不太活泼？

（2）米雪应聘的是什么工作？

（3）王老师觉得米雪的汉语水平怎么样？

（4）王老师觉得要做到面试时不紧张，应该怎么做？

2. 根据课文二的内容回答问题。

（1）面试时，什么可能是决定成败的关键？

（2）自我介绍应该怎么提前准备？

（3）为什么面试时要放慢说话速度？

六、根据课文内容填空

米雪下周要参加一个面试，______一家公司的销售经理，但是她很害怕通不过，所以特别______。王老师觉得米雪的______不错，说得很______，不用担心别人听不懂她说的话。重要的是，应该______做好准备，可以______一下自己的工作和学习______，准备好______介绍，还要多想想______可能问到的问题，比如能否接受经常______等。

七、任务活动

一家中文学校要招聘汉语老师，你打算去应聘，请你准备一个三分钟的自我介绍。自我介绍要包括下面几个方面：

1. 基本信息；

2. 学习汉语的经历和汉语水平；

3. 工作经历；

4. 个人特点和工作能力等。

第五课 把压力说出来

课文一

语言点

1. 副词 / 形容词：及时
2. 连词：尽管
3. 比一比："尽管" 和 "虽然"

课文二

语言点

1. 副词：是否
2. 格式：非 + 动词（短语）+ 不可

热身话题

1. 当有很多事情等着你做的时候，你会有计划地完成，还是等到最后一天才去做？
2. 你知道什么是“拖延症”吗？你觉得“拖延症”有哪些坏处？

课文一

05-1

（王老师和米雪在咖啡厅聊天儿）

王老师：米雪，听说你昨天去医院了？怎么了，身体不舒服吗？

米　雪：王老师，我没事，谢谢您的关心。我昨天是去医院看一位朋友。

王老师：没事就好。你的朋友怎么了？

米　雪：他昨天上课的时候突然呼吸困难、全身发抖、出汗。我们马上打120把他送到医院去了。

王老师：这么严重啊！他得了什么病？

米　雪：医生给他做了全面的检查，诊断可能是心理问题。您听说过“焦虑症”吗？

王老师：当然听说过，你的朋友最近是不是压力太大了？

米　雪：应该是，尽管他的成绩一直很好，可是一到考试，他还是紧张得睡不着。

王老师：压力每个人都有，对于留学生来说也一样，工作、学习、生活中会有各种各样的压力，但是我们要学会慢慢地适应，一点点调节。如果觉得压力太大，受不了了，一定要及时寻求帮助。跟家人、朋友、老师聊聊，把压力说出来，大家可以一起想办法。

米　雪：王老师，您说得对。我们最近每天都去医院和他聊天儿，给他讲笑话，希望他能快点儿好起来。

(Wáng lǎoshī hé Mǐ Xuě zài kāfēitīng liáotiānr)

Wáng lǎoshī: Mǐ Xuě, tīngshuō nǐ zuótiān qù yīyuàn le? Zěnme le, shēntǐ bù shūfu ma?

Mǐ Xuě: Wáng lǎoshī, wǒ méi shì, xièxie nín de guānxīn. Wǒ zuótiān shì qù yīyuàn kàn yí wèi péngyou.

Wáng lǎoshī: Méi shì jiù hǎo. Nǐ de péngyou zěnme le?

Mǐ Xuě: Tā zuótiān shàngkè de shíhou tūrán hūxī kùnnan, quánshēn fādǒu, chū hàn. Wǒmen mǎshàng dǎ 120 bǎ tā sòngdào yīyuàn qù le.

Wáng lǎoshī: Zhème yánzhòng a! Tā déle shénme bìng?

Mǐ Xuě: Yīshēng gěi tā zuòle quánmiàn de jiǎnchá, zhěnduàn kěnéng shì xīnlǐ wèntí. Nín tīngshuōguo “jiāolǜzhèng” ma?

Wáng lǎoshī: Dāngrán tīngshuōguo, nǐ de péngyou zuìjìn shì bu shì yālì tài dà le?

Mǐ Xuě: Yīnggāi shì, jǐnguǎn tā de chéngjì yìzhí hěn hǎo, kěshì yí dào kǎoshì, tā háishi jǐnzhāng de shuì bu zháo.

Wáng lǎoshī: Yālì měi gè rén dōu yǒu, duìyú liúxuéshēng lái shuō yě yíyàng, gōngzuò, xuéxí, shēnghuó zhōng huì yǒu gè zhǒng gè yàng de yālì, dànshì wǒmen yào xuéhuì mànmān de shìyìng, yì diǎndiǎn tiáojié. Rúguǒ juéde yālì tài dà, shòu bu liǎo le, yídìng yào jíshí xúnqiú bāngzhù. Gēn jiārén, péngyou, lǎoshī liáoliao, bǎ yālì shuō chulai, dàjiā kěyǐ yìqǐ xiǎng bànfǎ.

Mǐ Xuě: Wáng lǎoshī, nín shuō de duì. Wǒmen zuìjìn měi tiān dōu qù yīyuàn hé tā liáotiānr, gěi tā jiǎng xiàohua, xīwàng tā néng kuài diǎnr hǎo qilai.

生词

05-2

1.	全身	quánshēn	N	whole body
2.	发抖	fādǒu	V	to shake; to tremble
3.	出汗	chū hàn	V O	to sweat
	汗	hàn	N	sweat
4.	全面	quánmiàn	Adj	overall
5.	诊断	zhěnduàn	V	to diagnose
6.	心理	xīnlǐ	N	psychology
7.	焦虑症	jiāolǜzhèng	N	anxiety disorder
8.	尽管	jǐnguǎn	Conj	although
9.	调节	tiáojié	V	to adjust
10.	受不了	shòu bu liǎo		cannot bear/stand
11.	及时	jíshí	Adv/Adj	without delay; timely
12.	寻求	xúnqiú	V	to seek for
13.	聊	liáo	V	to chat
14.	笑话	xiàohua	N	joke

语言点

1. 副词 / 形容词：及时

一定要**及时**寻求帮助。

"及时"做副词时，表示立刻、马上、不拖延。例如：

When "及时" is used as an adverb, it means "immediately" or "without delay". For instance:

①如果感觉身体不舒服，一定要及时去医院检查。

②夏天天气热，运动以后要及时补充水和营养。

③我们建一个聊天儿群吧，有问题可以及时交流。

"及时"做形容词时，表示出现在了恰当的时间。例如：

When used as an adjective, it means that something appears at the right time. For instance:

④你来得真及时，我正想去找你呢。

⑤这场雨很及时，它给连续高温的城市带来了一点儿清凉。

⑥要不是出租车司机提供及时的帮助，我今天肯定迟到了。

完成句子

（1）最近天气变化大，应该________________。（及时；衣服）

（2）________________，避免了一场交通事故。（及时；警察）

（3）下课以后要________________，不然就会忘了。（及时；复习）

2. 连词：尽管

尽管他的成绩一直很好……

"尽管"，连词，常和"还是""可是""但是"等词一起使用，表示让步。例如：

"尽管" is a conjunction often used together with "还是", "可是" or "但是" to express concession. For instance:

①尽管没有拿到比赛的第一名，我还是很高兴。

②尽管穿了七八年，可是这件衣服还像新的一样。

③尽管夏天天气很热，但是也不能一直吹空调。

完成句子

（1）________________，但是他并没有放弃，一直在坚持。（尽管）

（2）尽管知道熬夜对身体不好，________________。（但是）

（3）尽管忙了一天，累得不想说话，________________。（还是）

（4）________________，但是我还是建议你有时间多回家看看。（尽管）

3. 比一比："尽管"和"虽然"

相同点： Similarities:

"尽管"和"虽然"都可做连词，后面可跟"还是""可是""但是"等词，在句中都表示让步。"尽管"的语气比"虽然"略强。例如：

Both "尽管" and "虽然" can be used as conjunctions and followed by words such as "还是",

"可是", and "但是" to express concession. "尽管" is slightly stronger in tone than "虽然". For instance:

①尽管 / 虽然我从来没去过长城，但是我知道长城很有名。

不同点： Differences:

"尽管"除了做连词外，还可以做副词，表示没有条件限制，鼓励某人放心做某事。"虽然"无此用法。例如：

In addition to serving as a conjunction, "尽管" can also be used as an adverb, meaning that there are no restrictions, so somebody is encouraged to do something without hesitation. "虽然" has no such usage. For instance:

②今天回家我开车，你想喝酒的话尽管喝。

③如果您需要任何帮助，尽管告诉我。

④你们有什么问题尽管问。

选词填空

尽管　　虽然

（1）________我们不是一家人，但是却像一家人一样彼此关爱。

（2）这个博物馆是免费的，想去________去。

（3）________身体不舒服，但是他还是在完成了工作以后才下班。

课文二

05-3

下周就要考试了，你在教室里打开书准备开始今天的复习。看着书上的句子和词语，你努力回忆着老师上课时讲的例子。可是，你越看越怀疑自己是否真的学了一个学期。你看了会儿手机，又玩儿了会儿游戏，时间就这样一分一秒地过去了。突然，旁边的同学们开始收拾书包准备回家。你发现，尽管你的眼睛看着书，但又好像什么也没看进去。你对自己感到很失望，只能鼓励自己"从明天开始一定要努力"。

这就是我们常说的“拖延症”。如果你也有过上边的情况，那么下面这些小建议可能会对你有帮助。

第一，改变环境。就从关掉手机网络开始吧，你会发现学习效率提高了。然后，你需要打开门，走出宿舍，找一个适合学习的环境。大学里的教室或者图书馆都是很不错的选择，那里的人们都在学习，而且不会打扰你。

第二，制订计划。拖延症“患者”往往喜欢把任务拖到最后完成，实际上我们可以把大任务分成一个个小任务，每天完成当天的部分。每当你提前完成任务时，你都可以给自己一个小奖励，比如看一场电影、买一件衣服、吃一次好吃的等，你想做什么都可以去做。

第三，关注过程。许多时候，拖延是因为我们觉得一个任务很难，所以拖着不做，一直等到非做不可的时候才去做。当我们面对一个复杂的任务时，首先应该考虑的不是完成任务一共要花多长时间，而是下面的60分钟可以做点儿什么。

Xià zhōu jiù yào kǎoshì le, nǐ zài jiàoshì li dǎkāi shū zhǔnbèi kāishǐ jīntiān de fùxí. Kànzhe shū shang de jùzi hé cíyǔ, nǐ nǔlì huíyìzhe lǎoshī shàngkè shí jiǎng de lìzi. Kěshì, nǐ yuè kàn yuè huáiyí zìjǐ shìfǒu zhēn de xuéle yí gè xuéqī. Nǐ kànle huìr shǒujī, yòu wánrle huìr yóuxì, shíjiān jiù zhèyàng yì fēn yì miǎo de guòqu le. Tūrán, pángbiān de tóngxuémen kāishǐ shōushi shūbāo zhǔnbèi huí jiā. Nǐ fāxiàn, jǐnguǎn nǐ de yǎnjing kànzhe shū, dàn yòu hǎoxiàng shénme yě méi kàn jìnqù. Nǐ duì zìjǐ gǎndào hěn shīwàng, zhǐ néng gǔlì zìjǐ “cóng míngtiān kāishǐ yídìng yào nǔlì”.

Zhè jiù shì wǒmen cháng shuō de “tuōyánzhèng”. Rúguǒ nǐ yě yǒuguo shàngbian de qíngkuàng, nàme xiàmiàn zhèxiē xiǎo jiànyì kěnéng huì duì nǐ yǒu bāngzhù.

Dì-yī, gǎibiàn huánjìng. Jiù cóng guāndiào shǒujī wǎngluò kāishǐ ba, nǐ huì fāxiàn xuéxí xiàolǜ tígāo le. Ránhòu, nǐ xūyào dǎkāi mén, zǒuchū sùshè, zhǎo yí gè shìhé xuéxí de huánjìng. Dàxué li de jiàoshì huòzhě túshūguǎn dōu shì hěn búcuò de xuǎnzé, nàlǐ de rénmen dōu zài xuéxí, érqiě bú huì dǎrǎo nǐ.

Dì-èr, zhìdìng jìhuà. Tuōyánzhèng "huànzhě" wǎngwǎng xǐhuan bǎ rènwu tuōdào zuìhòu wánchéng, shíjì shang wǒmen kěyǐ bǎ dà rènwu fēnchéng yí gègè xiǎo rènwu, měi tiān wánchéng dàngtiān de bùfen. Měi dāng nǐ tíqián wánchéng rènwu shí, nǐ dōu kěyǐ gěi zìjǐ yí gè xiǎo jiǎnglì, bǐrú kàn yì chǎng diànyǐng, mǎi yí jiàn yīfu, chī yí cì hǎochī de děng, nǐ xiǎng zuò shénme dōu kěyǐ qù zuò.

Dì-sān, guānzhù guòchéng. Xǔduō shíhou, tuōyán shì yīnwèi wǒmen juéde yí gè rènwu hěn nán, suǒyǐ tuōzhe bú zuò, yìzhí děngdào fēi zuò bùkě de shíhou cái qù zuò. Dāng wǒmen miànduì yí gè fùzá de rènwu shí, shǒuxiān yīnggāi kǎolǜ de bú shì wánchéng rènwu yígòng yào huā duō cháng shíjiān, ér shì xiàmiàn de 60 fēn zhōng kěyǐ zuò diǎnr shénme.

生词

05-4

1.	是否	shìfǒu	Adv	whether
2.	收拾	shōushi	V	to clear up; to pack
3.	感到	gǎndào	V	to feel
4.	鼓励	gǔlì	V	to encourage
5.	拖延	tuōyán	V	to procrastinate
	拖	tuō	V	to delay
6.	改变	gǎibiàn	V	to change
7.	关掉	guāndiào	V C	to turn off
	掉	diào	V	*indicating the result of an action*
8.	网络	wǎngluò	N	Internet
9.	打扰	dǎrǎo	V	to disturb
10.	制订	zhìdìng	V	to draw up; to formulate
11.	患者	huànzhě	N	patient

12.	实际	shíjì	N/Adj	reality; practical
13.	当天	dàngtiān	N	that very day
14.	奖励	jiǎnglì	V	to award
15.	许多	xǔduō	Nu	many
16.	非……不可	fēi…bùkě		must; have to
17.	面对	miànduì	V	to face

语言点

1. 副词：是否

你越看越怀疑自己是否真的学了一个学期。

"是否"常用于书面，相当于"是不是"，后面常接动词或形容词。例如：

"是否" is mainly used in written language and equivalent to "是不是" (whether or not). It is often followed by a verb or an adjective. For instance:

①你是否考虑过以后在中国生活？

②我从来没吃过这个菜，我也不知道是否吃得惯。

③女儿一直不接电话，父母不知道她是否安全。

用"是否"完成句子

（1）明天的班级活动你________________？

（2）能不能通过考试，要看你________________。

（3）好久没见米雪了，她________________？

2. 格式：非 + 动词（短语）+ 不可

一直等到非做不可的时候才去做。

"非 + 动词（短语）+ 不可"表示必须、一定要。例如：

"非 + verb (phrase) + 不可" means "must; have to". For instance:

①朋友是个很认真的人，有问题非搞清楚不可。

②儿子明天过生日，非要爸爸给他买一个小汽车不可。

③这个文件非要老板签字不可。

用"非+动词（短语）+不可"改写句子

（1）这张购物卡明天就到期了，今天必须把它用了。

______________________________。

（2）医生说这种药一定要饭前吃。

______________________________。

（3）学校要求学生星期一必须穿校服。

______________________________。

课堂练习

一、读拼音，写汉字

1. gǎibiàn ________
2. jǐnguǎn ________
3. shìfǒu ________
4. quánshēn ________
5. jíshí ________
6. gǔlì ________
7. shōushi ________
8. zhěnduàn ________

二、辨字组词

1. 打____ 扰____
2. 历____ 励____
3. 际____ 除____
4. 焦____ 点____

三、词语搭配

1. 关掉
2. 改变
3. 制订
4. 面对
5. 收拾

a. 手机
b. 行李
c. 性格
d. 计划
e. 失败

四、完成句子或对话

1. 家里没电了，我没收到停电的通知，____________？（是否）

2. 今晚的聚会是上周就约好的，____________。（非……不可）

3. A：听说你又搬家了，为什么？

   B：____________。（受不了）

4. ____________，但是他还是坚持到了比赛最后。（尽管）

5. 如果您在使用过程中有任何问题，____________。（及时）

五、根据课文内容回答问题

1. 根据课文一的内容回答问题。

（1）米雪为什么去医院了？

（2）米雪的朋友怎么了？

（3）怎样调节压力？

2. 根据课文二的内容回答问题。

（1）拖延症有哪些表现？

（2）对拖延症患者来说，应该怎样制订计划？

（3）面对一个复杂的任务，我们应该怎么做？

六、根据课文内容填空

米雪的朋友昨天上课的时候突然呼吸困难、全身______、出汗。120来了以后马上把他送到______去了。医生给他做了______检查，诊断他可能是出现了______问题，可能是得了______症。米雪说她的朋友______成绩一直很好，可是一到考试就紧张得______。

生活中，每个人都有______，但是我们应该学会慢慢地______，一点点______。如果觉得压力太大，______了，一定要______寻求帮助。跟家人、朋友、老师______，把压力说出来，大家一起想办法。

七、任务活动

几位同学一组，互相了解各自的压力问题，并完成下面的表格，然后每组选一位代表向全班同学介绍。在了解的过程中，可以问下面的问题：

1. 你会因为什么而有压力？

2. 压力大的时候，你有什么感觉或表现？

3. 你调节压力的方法是什么？

调查的同学	压力原因	压力表现	调节方法

第六课 汉语真有意思

课文一

语言点

1. 副词：到处
2. 动词：看来

课文二

语言点

1. 趋向补语：上
2. 格式：……过去

热身话题

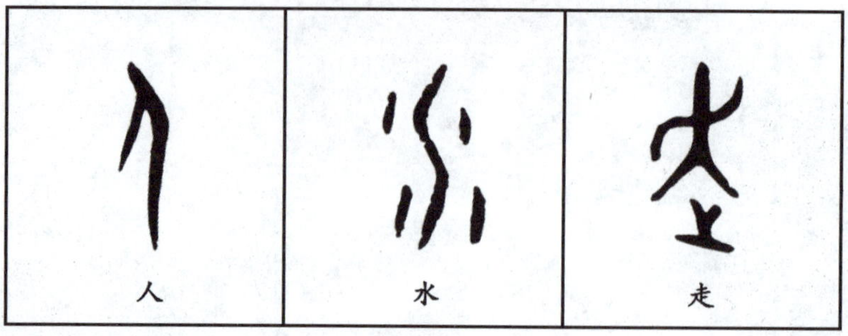

1. 你觉得图片里中国古代的汉字有什么特点？
2. 你觉得汉字跟你们国家文字的最大不同是什么？

课文一

06-1

（李白和马小军聊天儿）

马小军：听说上个周末你和朋友去长城玩儿了，怎么样？

李　白：太漂亮了！树上的叶子都变红了，山上山下到处都是红叶，美极了，而且山区的空气也很新鲜。

马小军：嗯，我也觉得秋天是长城最美的季节。

李　白：看完风景，我们到长城脚下的茶馆休息，边喝茶边看京剧演出，原来中国的传统艺术就在生活里。回来时，我还给同学们带了北京烤鸭，大家都说味道好极了。

马小军：看来你上个周末过得非常有意思啊！

李　白：对，很有意思，并且还发生了一件特别有趣的事。

马小军：什么有趣的事？快说说。

李　白：周末我和几个中国朋友一起吃饭时，一个朋友说他要去“方便一下”，我不明白是什么意思，别人告诉我就是“去卫生间”。我们吃完饭，有一个朋友希望在我方便的时候去我家玩儿。我觉得很奇怪，赶紧说：“你什么时候来都可以，就是不能在我方便的时候来。”结果大家都哈哈大笑。

马小军：哈哈，是你理解错了。

李　白：是呀！是我误会了，后来朋友向我解释了我才知道，原来“方便”有这么多意思，我是不是太笨了？

马小军：不是你太笨了，是汉语太有意思了。

(Lǐ Bái hé Mǎ Xiǎojūn liáotiānr)

Mǎ Xiǎojūn: Tīngshuō shàng gè zhōumò nǐ hé péngyou qù Chángchéng wánr le, zěnmeyàng?

Lǐ Bái: Tài piàoliang le! Shù shang de yèzi dōu biàn hóng le, shān shàng shān xià dàochù dōu shì hóngyè, měijí le, érqiě shānqū de kōngqì yě hěn xīnxiān.

Mǎ Xiǎojūn: Ǹg, wǒ yě juéde qiūtiān shì Chángchéng zuì měi de jìjié.

Lǐ Bái: Kànwán fēngjǐng, wǒmen dào Chángchéng jiǎoxià de cháguǎn xiūxi, biān hē chá biān kàn jīngjù yǎnchū, yuánlái Zhōngguó de chuántǒng yìshù jiù zài shēnghuó li. Huílai shí, wǒ hái gěi tóngxuémen dàile Běijīng kǎoyā, dàjiā dōu shuō wèidào hǎojí le.

Mǎ Xiǎojūn: Kànlái nǐ shàng gè zhōumò guò de fēicháng yǒu yìsi a!

Lǐ Bái: Duì, hěn yǒu yìsi, bìngqiě hái fāshēngle yí jiàn tèbié yǒuqù de shì.

Mǎ Xiǎojūn: Shénme yǒuqù de shì? Kuài shuōshuo.

Lǐ Bái: Zhōumò wǒ hé jǐ gè Zhōngguó péngyou yìqǐ chīfàn shí, yí gè péngyou shuō tā yào qù “fāngbiàn yíxià”, wǒ bù míngbai shì shénme yìsi, biérén gàosu wǒ jiù shì “qù wèishēngjiān”. Wǒmen chīwán fàn, yǒu yí gè péngyou xīwàng zài wǒ fāngbiàn de shíhou qù wǒ jiā wánr. Wǒ juéde hěn qíguài, gǎnjǐn shuō: "Nǐ shénme shíhou lái dōu kěyǐ, jiù shì bù néng zài wǒ fāngbiàn de shíhou lái." Jiéguǒ dàjiā dōu hāhā dà xiào.

Mǎ Xiǎojūn: Hāha, shì nǐ lǐjiě cuò le.

Lǐ Bái: Shì ya! Shì wǒ wùhuì le, hòulái péngyou xiàng wǒ jiěshìle wǒ cái zhīdào, yuánlái "fāngbiàn" yǒu zhème duō yìsi, wǒ shì bu shì tài bèn le?

Mǎ Xiǎojūn: Bú shì nǐ tài bèn le, shì Hànyǔ tài yǒu yìsi le.

生词

06-2

1.	叶子	yèzi	N	leaf
2.	到处	dàochù	Adv	everywhere
3.	山区	shānqū	N	mountainous area
4.	秋天	qiūtiān	N	autumn
5.	茶馆	cháguǎn	N	tea house
6.	京剧	jīngjù	N	Beijing opera
7.	演出	yǎnchū	V	to perform; to give a show
8.	艺术	yìshù	N	art
9.	烤鸭	kǎoyā	N	roast duck
10.	有趣	yǒuqù	Adj	interesting
11.	卫生间	wèishēngjiān	N	toilet; bathroom
12.	赶紧	gǎnjǐn	Adv	immediately; at once
13.	理解	lǐjiě	V	to understand
14.	误会	wùhuì	V	to misunderstand
15.	笨	bèn	Adj	foolish; stupid
特例词				
	长城	Chángchéng	PN	the Great Wall

语言点

1. 副词：到处

山上山下到处都是红叶。

“到处”，副词，表示任何地方。例如：

“到处” is an adverb that means everywhere. For instance:

①周末的时候，附近的商场里到处都是人。

②他的工作就是陪客人到处参观。

用“到处”完成句子

（1）房间里________________。（脏衣服）

（2）这里的车太多了，别让孩子________________，太危险了！（跑）

（3）你去哪儿了？大家________________。（找你）

2. 动词：看来

看来你上个周末过得非常有意思啊！

“看来”，动词，在句中可做插入语，表示根据经验或客观情况估计。例如：

“看来” is a verb that can be used as a parenthesis in a sentence, meaning a judgment is made based on experience or objective conditions. For instance:

①我刚才跟他讨论了，看来他不会反对我的意见。

②最近房子又贵了，看来我的房子又买不成了。

另外，“看来”还可以进入“在……看来”格式，表示下文是某（些）人的意见或者看法。例如：

In addition, “看来” can also be used in “在……看来”, implying what follows is someone’s opinion or idea. For instance:

③在很多人看来，我们的生活已经离不开手机了。

④在父母看来，孩子的成绩非常重要。

用“看来”完成句子

（1）这道题大家都不会，________________。

（2）大雨一直在下，________________。

（3）李白今天这么晚还没到，________________。

课文二

06-3

对刚开始学习汉语的留学生来说，一个个汉字就像一幅幅画儿，很难懂，也很难写。其实汉字的写法和意思有密切的联系，了解这种联系对学习汉语和汉字、了解中国文化都很有帮助。

例如：“日”最早的写法是“”，就是太阳的样子；“目”的写法是“”，就是眼睛的样子；“晴”的意思与太阳有关，所以左边是“日”；而“睛”的意思与眼睛有关，所以左边是“目”。再如：“木”最开始的写法是“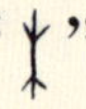”，就是一棵树的样子；“木”的下面加上“-”是“本”，表示树的根，因为“根”很重要，后来“本”慢慢有了“原来的”“主要的”意思。

汉字历史悠久，几千年过去了，汉字的写法不断发生变化，意思也发生了一些改变，但字的写法和意思仍然有联系。汉字的这个特点使它可以记录中国古代的历史和文化，所以学好汉字就像是推开了了解中国的窗户。

Duì gāng kāishǐ xuéxí Hànyǔ de liúxuéshēng lái shuō, yí gègè Hànzì jiù xiàng yì fúfú huàr, hěn nán dǒng, yě hěn nán xiě. Qíshí Hànzì de xiěfǎ hé yìsi yǒu mìqiè de liánxì, liǎojiě zhè zhǒng liánxì duì xuéxí Hànyǔ hé Hànzì, liǎojiě Zhōngguó wénhuà dōu hěn yǒu bāngzhù.

Lìrú: “rì” zuì zǎo de xiěfǎ shì “”, jiù shì tàiyáng de yàngzi; “mù” de xiěfǎ shì “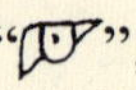”, jiù shì yǎnjing de yàngzi; “qíng” de yìsi yǔ tàiyáng yǒuguān, suǒyǐ zuǒbian shì “rì”; ér “jīng” de yìsi yǔ yǎnjing yǒuguān, suǒyǐ zuǒbian shì “mù”. Zài rú: “mù” zuì kāishǐ de xiěfǎ shì “”, jiù shì yì kē shù de yàngzi; “mù” de xiàmiàn jiāshang “-” shì “běn”, biǎoshì shù de gēn, yīnwèi “gēn” hěn zhòngyào, hòulái “běn” mànmān yǒule “yuánlái de” “zhǔyào de” yìsi.

Hànzì lìshǐ yōujiǔ, jǐ qiān nián guòqu le, Hànzì de xiěfǎ búduàn fāshēng biànhuà, yìsi yě fāshēngle yìxiē gǎibiàn, dàn zì de xiěfǎ hé yìsi réngrán yǒu liánxì. Hànzì de zhège tèdiǎn shì tā kěyǐ jìlù Zhōngguó gǔdài de lìshǐ hé wénhuà, suǒyǐ xuéhǎo Hànzì jiù xiàng shì tuīkāile liǎojiě Zhōngguó de chuānghu.

生词

06-4

1.	幅	fú	M	*a measure word for paintings, etc.*
2.	写法	xiěfǎ	N	way of writing; written form
3.	密切	mìqiè	Adj	close; intimate
4.	例如	lìrú	V	for example
5.	棵	kē	M	*a measure word for trees, plants, etc.*
6.	根	gēn	N	root
7.	主要	zhǔyào	Adj	main; principal
8.	悠久	yōujiǔ	Adj	long; long-standing
9.	记录	jìlù	V	to record
10.	推	tuī	V	to push
11.	窗户	chuānghu	N	window

语言点

1. 趋向补语：上

“木”的下面加上“-”是“本”。

“上”，动词，可在句中做趋向补语，表示动作的结果，兼有以下三种意义：

“上” is a verb that can be used as a directional complement in a sentence to indicate the result of an action. It has the following three meanings:

（1）表示事物的状态通过某种动作由开而合。

Something changing from being open to being closed through a certain action

①关上灯；关上门；关上窗户

②闭上眼睛；闭上嘴

（2）表示添加，使接触。

Adding and bringing into contact

③在书上写上自己的名字。

④再画上一棵树。

⑤请把衣服挂上。

⑥再加上 5 个人就够了。

⑦今天是毕业的日子，大卫穿上了西装，系上了领带，特别精神。

⑧他才 4 岁，就已经戴上了眼镜。

（3）表示达到了某种目的（常常是不容易达到的目的）。

Achieving a certain goal (usually a goal that is not easy to achieve)

⑨他终于考上了大学。

⑩这几年他努力工作，终于住上了新房子。

⑪经过两个小时的努力，我们终于登上了山顶。

用"V + 上"完成句子

（1）最后离开教室的同学，随手________了灯。

（2）外面太晒了，大卫只好________了太阳帽。

（3）经过三年的努力学习，她终于________了北京大学。

（4）我这里有 44 块钱，再________你的 56 块钱，正好 100 块钱。

（5）外面太冷了，你赶紧把衣服________吧。

2. 格式：……过去

几千年过去了。

"过去"表示某个时间已经消逝了或者某种状态已经结束了。例如：

"过去" means that a certain time has passed or a certain state has ended. For instance:

①一个小时过去了，但大卫还是没出现。

②困难总是会过去的，只要我们能坚持到最后。

用所给的词语组成句子

（1）糟糕的　过去了　这样　就　一天

____。

（2）过去了　一天天地　身体　他的　越来越差　日子　也

____。

课堂练习

一、读拼音，写汉字

1. dàochù ________
2. yǎnchū ________
3. gǎnjǐn ________
4. lǐjiě ________
5. mìqiè ________
6. zhǔyào ________
7. yōujiǔ ________
8. chuānghu ________
9. jìlù ________
10. yìshù ________

二、辨字组词

1. 剧____　据____
2. 城____　诚____
3. 密____　蜜____
4. 记____　纪____

三、词语搭配

1. 一片　　a. 画儿
2. 一幅　　b. 叶子
3. 一棵　　c. 树
4. 一只　　d. 头发
5. 一根　　e. 眼睛

四、完成句子

1. 昨天晚上下了一夜的雨，校园里________________。（到处）

2. 你为什么不来找我呢？____________________。（看来）

3. 请大家别忘了在试卷上____________________。（V＋上）

4. 冬天____________________，春天还会远吗？（过去）

5. 已经八点了，我们____________________，飞机十点就起飞了。（赶紧）

五、根据课文内容回答问题

1. 根据课文一的内容回答问题。

（1）上个周末李白去哪儿玩了？那儿的风景怎么样？

（2）上周末发生了什么有趣的事？

（3）“方便”有哪些意思？

2. 根据课文二的内容回答问题。

（1）了解汉字的写法和意思的联系，对什么有帮助？

（2）“本”是什么意思？

六、根据课文内容填空

李白上个周末和朋友去______玩儿了，树上的______都变红了，山上山下______都是红叶，美极了，而且______的空气也很新鲜。看完风景，他们还去山脚下的茶馆看了京剧______，他们发现，原来中国的传统______就在生活里。回来时，他还给同学们带了______，大家都说味道好极了。在马小军______，李白的周末过得非常有意思。

李白说，还发生了一件特别______的事。他周末和朋友吃饭的时候，一个朋友说“要去方便一下”，他不明白是什么意思，别人告诉他就是“去______”。可是吃完饭，有一个朋友希望在李白方便的时候去他家玩儿，李白觉得特别奇怪，______说：“你什么时候来都可以，就是不能在我方便的时候来。”结果大家都哈哈大笑。朋友跟他解释后，李白终于明白是他自己______错了，______“方便”有这么多意思，汉语太有意思了。

七、任务活动

大家猜过谜语吗？谜语一般由谜面、谜目和谜底三部分组成。例如：一百减一（猜一个字）。

“一百减一”是谜语的谜面，就是问题；“猜一个字”是迷目，给出猜谜语的范围。你猜出来这个字是什么了吗？

答案，也就是谜底：白。

快用下面的谜语去考考你的朋友吧。

1. 一加一（猜一个字）。

2. 一只牛（猜一个字）。

3. 八十八（猜一个字）。

4. 一人（猜一个字）。

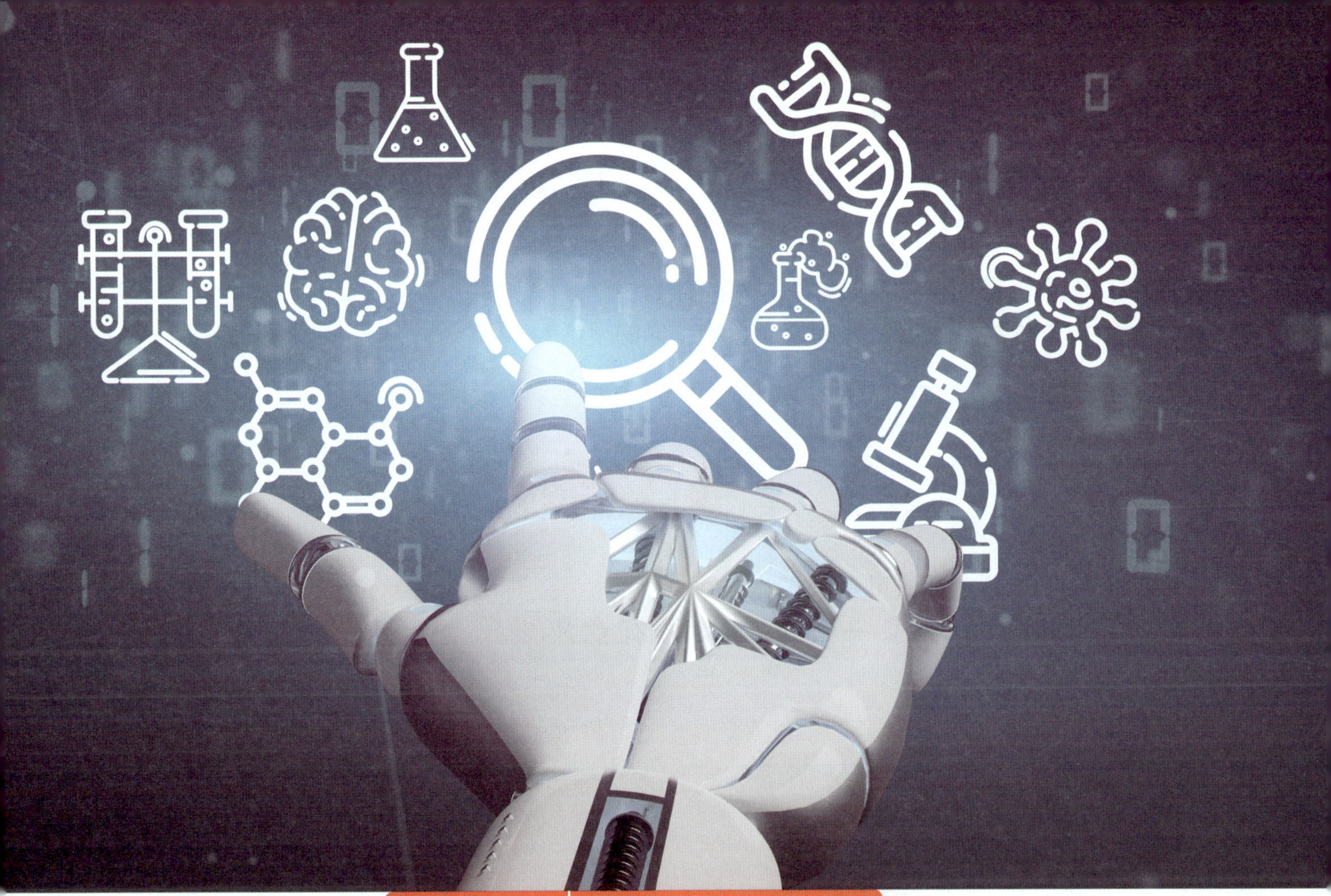

第七课 科技改变生活

课文一

语言点

1. 副词：难道
2. 比一比："发达" 和 "发展"

课文二

语言点

1. 连词：总之
2. 格式：V 来 V 去

热身话题

1. 你觉得现代科技发展得快吗？为什么？
2. 说一说科技发展在哪些方面影响了你的生活？

课文一

07-1

（马小军和张萌在聊电影）

马小军：昨天我看了一个电影，很有意思。

张　萌：什么电影？

马小军：是个老电影，叫《终结者》，你看过吗？

张　萌：在杂志上看过介绍，主要演员有阿诺德·施瓦辛格、琳达·汉密尔顿。施瓦辛格非常帅，功夫也很好，我很喜欢他演的电影，在电影里他总是非常勇敢，也非常厉害，可惜我没去电影院看过。

马小军：在这个电影里，施瓦辛格演一个从未来回到现在的机器人，你觉得电影里的事将来可能发生吗？

张　萌：很难说，不过现在科技越来越发达，机器人已经在改变我们的生活了。现在，机器人已经可以驾驶飞机、汽车，还可以跟人对话。去银行、超市也会遇到机器人为我们服务。

马小军：难道你不担心电影里的那一天真的会到来吗？

张　萌：我不担心，我觉得机器人虽然很厉害，但都是为人服务的。你说的那一天即使到来，也是很久以后的事了。我觉得我们更应该担心眼前的事。

马小军：什么事？

张　萌：很多工作都不需要人做了，我们以后还能找到工作吗？

(Mǎ Xiǎojūn hé Zhāng Méng zài liáo diànyǐng)

Mǎ Xiǎojūn: Zuótiān wǒ kànle yí gè diànyǐng, hěn yǒu yìsi.

Zhāng Méng: Shénme diànyǐng?

Mǎ Xiǎojūn: Shì gè lǎo diànyǐng, jiào《Zhōngjiézhě》, nǐ kànguo ma?

Zhāng Méng: Zài zázhì shang kànguo jièshào, zhǔyào yǎnyuán yǒu Ānuòdé Shīwǎxīngé, Líndá Hànmì'ěrdùn. Shīwǎxīngé fēicháng shuài, gōngfu yě hěn hǎo, wǒ hěn xǐhuan tā yǎn de diànyǐng, zài diànyǐng li tā zǒngshì fēicháng yǒnggǎn, yě fēicháng lìhai, kěxī wǒ méi qù diànyǐngyuàn kànguo.

Mǎ Xiǎojūn: Zài zhège diànyǐng li, Shīwǎxīngé yǎn yí gè cóng wèilái huídào xiànzài de jīqìrén, nǐ juéde diànyǐng li de shì jiānglái kěnéng fāshēng ma?

Zhāng Méng: Hěn nán shuō, búguò xiànzài kējì yuèláiyuè fādá, jīqìrén yǐjīng zài gǎibiàn wǒmen de shēnghuó le. Xiànzài, jīqìrén yǐjīng kěyǐ jiàshǐ fēijī, qìchē, hái kěyǐ gēn rén duìhuà. Qù yínháng, chāoshì yě huì yùdào jīqìrén wèi wǒmen fúwù.

Mǎ Xiǎojūn: Nándào nǐ bù dānxīn diànyǐng li de nà yì tiān zhēn de huì dàolái ma?

Zhāng Méng: Wǒ bù dānxīn, wǒ juéde jīqìrén suīrán hěn lìhai, dàn dōu shì wèi rén fúwù de. Nǐ shuō de nà yì tiān jíshǐ dàolái, yě shì hěn jiǔ yǐhòu de shì le. Wǒ juéde wǒmen gèng yīnggāi dānxīn yǎnqián de shì.

Mǎ Xiǎojūn: Shénme shì?

Zhāng Méng: Hěn duō gōngzuò dōu bù xūyào rén zuò le, wǒmen yǐhòu hái néng zhǎodào gōngzuò ma?

生词 07-2

1.	科技	kējì	N	science and technology
2.	杂志	zázhì	N	magazine
3.	演员	yǎnyuán	N	actor/actress
4.	演	yǎn	V	to act; to perform
5.	功夫	gōngfu	N	kung fu
6.	勇敢	yǒnggǎn	Adj	brave
7.	可惜	kěxī	Adj	regrettable
8.	电影院	diànyǐngyuàn	N	cinema
9.	未来	wèilái	N	future
10.	机器人	jīqìrén	N	robot
11.	发达	fādá	Adj	developed; advanced
12.	驾驶	jiàshǐ	V	to drive; to pilot
13.	难道	nándào	Adv	could it be (said) that…
14.	眼前	yǎnqián	N	at present
特例词				
1.	《终结者》	《Zhōngjiézhě》	PN	*The Terminator*, a science fiction film
2.	阿诺德·施瓦辛格	Ānuòdé Shīwǎxīngé	PN	Arnold Schwarzenegger
3.	琳达·汉密尔顿	Líndá Hànmì'ěrdùn	PN	Linda Hamilton

语言点

1. 副词：难道

难道你不担心电影里的那一天真的会到来吗？

"难道"，副词，用来加强反问语气，句末常有"吗"。例如：

"难道" is an adverb that is used to reinforce the tone of a rhetorical question. The sentence often ends with "吗". For instance:

①A：原来她就是我们的新老师啊！

B：难道你一直不知道吗？

②A：对不起，我不会说英语。

B：是吗？难道你不是美国人吗？

③难道我的汉语水平还是那么差吗？为什么我学了两年还是听不懂京剧？

用“难道”完成对话

（1）A：周末我们去逛街吧。

B：逛街？________________？（考试）

（2）A：________________？（认识）

B：你说对了，我们俩从小学开始就是同学。

2. 比一比："发达"和"发展"

“发达”做形容词时，表示事物已有充分的发展，可以在句中做定语或谓语。例如：

When used as an adjective, “发达” means that something has been fully developed. It can serve as an attribute or the predicate in a sentence. For instance:

①北京发达的地铁交通，让人们的出行变得特别方便。

②随着科技越来越发达，人们的生活水平也越来越高。

“发达”做动词时，表示成功，后面不可带宾语。例如：

When used as a verb, “发达” means “to succeed”, and should not be followed by any object. For instance:

③以后你发达了，可别忘了我这个老同学啊！

“发展”只可做动词，表示事物由小到大、由简单到复杂、由低级到高级的变化，后面可带宾语。例如：

“发展” can only be used as a verb, referring to the change of something from small to large, from simple to complex, or from low-level to high-level. It can be followed by an object. For instance:

④他们公司准备向西部地区发展。

⑤政府鼓励公司积极发展制造业。

⑥在那家小公司，他的能力没有得到很好地发展。

选词填空

发达　　发展

（1）科技的________和进步，给环境带来了很大的影响。

（2）那座城市的景色优美、经济________，特别适合人们生活。

（3）我们要用________的眼光看问题，不能只注意眼前的情况。

（4）五年前他还只是个卖菜的，后来自己成立了蔬菜公司，现在已经________了。

（5）总经理最近一直在考虑公司应该怎么往前________的问题。

课文二

07-3

7月30日　星期六　雨

我来中国快一年了，我的汉语进步很快，但学习也很累，几乎每天都有课，没课的时候我会去图书馆复习、做作业。

我觉得在这里生活最重要的就是手机了。出门可以用手机打车，坐车可以用手机付款，不想去餐厅吃饭可以用手机点外卖，有不认识的词了，可以把手机当词典用。总之，你出门可以不带钱包，但一定不能忘带手机。

放暑假前，学校组织我们去另外一个城市参观，早上六点就出发了。开始大家觉得很困，可等车开上高速公路，车速变快，大家也都精神起来了。车窗外有大片的草地，还有阳光、白云，小鸟飞来飞去。整天都在教室学习的我们，见了这样的美景都很高兴。

一天的旅程虽然不长，但我们去了很多地方。最有意思的是博物馆，有个机器人出来迎接我们，带我们参观，给我们讲博物馆里的东西，回答我们的问题。当它知道我是留学生后，还夸我的汉语说得很流利。我说："你的汉语也不错。"它哈哈笑起来，旁边的同学们也笑了。

这就是我在中国的生活，虽然很忙，也很累，但也会遇到很多有意思的事。就像喝一杯茶，开始的时候觉得是苦的，可是喝完了又会觉得有点儿甜，还想再喝一杯。

---

7 yuè 30 rì　xīngqīliù　yǔ

Wǒ lái Zhōngguó kuài yì nián le, wǒ de Hànyǔ jìnbù hěn kuài, dàn xuéxí yě hěn lèi, jīhū měi tiān dōu yǒu kè, méi kè de shíhou wǒ huì qù túshūguǎn fùxí, zuò zuòyè.

Wǒ juéde zài zhèlǐ shēnghuó zuì zhòngyào de jiù shì shǒujī le. Chūmén kěyǐ yòng shǒujī dǎchē, zuò chē kěyǐ yòng shǒujī fù kuǎn, bù xiǎng qù cāntīng chīfàn kěyǐ yòng shǒujī diǎn wàimài, yǒu bú rènshi de cí le, kěyǐ bǎ shǒujī dāng cídiǎn yòng. Zǒngzhī, nǐ chūmén kěyǐ bú dài qiánbāo, dàn yídìng bù néng wàng dài shǒujī.

Fàng shǔjià qián, xuéxiào zǔzhī wǒmen qù lìngwài yí gè chéngshì cānguān, zǎoshang liù diǎn jiù chūfā le. Kāishǐ dàjiā juéde hěn kùn, kě děng chē kāishang gāosù gōnglù, chēsù biàn kuài, dàjiā yě dōu jīngshen qilai le. Chēchuāng wài yǒu dà piàn de cǎodì, hái yǒu yángguāng, báiyún, xiǎo niǎo fēilái fēiqù. Zhěng tiān dōu zài jiàoshì xuéxí de wǒmen, jiànle zhèyàng de měijǐng dōu hěn gāoxìng.

Yì tiān de lǚchéng suīrán bù cháng, dàn wǒmen qùle hěn duō dìfang. Zuì yǒu yìsi de shì bówùguǎn, yǒu gè jīqìrén chūlái yíngjiē wǒmen, dài wǒmen cānguān, gěi wǒmen jiǎng bówùguǎn li de dōngxi, huídá wǒmen de wèntí. Dāng tā zhīdào wǒ shì liúxuéshēng hòu, hái kuā wǒ de Hànyǔ shuō de hěn liúlì. Wǒ shuō: "Nǐ de Hànyǔ yě búcuò." Tā hāhā xiào qilai, pángbiān de tóngxuémen yě xiào le.

Zhè jiù shì wǒ zài Zhōngguó de shēnghuó, suīrán hěn máng, yě hěn lèi, dàn yě huì yùdào hěn duō yǒu yìsi de shì. Jiù xiàng hē yì bēi chá, kāishǐ de shíhou juéde shì kǔ de, kěshì hēwánle yòu huì juéde yǒudiǎnr tián, hái xiǎng zài hē yì bēi.

生词

07-4

1.	进步	jìnbù	V	to make progress
2.	付	fù	V	to pay
3.	款	kuǎn	N	money
4.	餐厅	cāntīng	N	restaurant
5.	词	cí	N	word
6.	词典	cídiǎn	N	dictionary
7.	总之	zǒngzhī	Conj	in conclusion
8.	组织	zǔzhī	V	to organize
9.	高速公路	gāosù gōnglù	NP	expressway
10.	车速	chēsù	N	car/bus/train speed
11.	车窗	chēchuāng	N	car/bus/train window
12.	片	piàn	M	(*a measure word for an area of land or water*) piece; stretch
13.	阳光	yángguāng	N	sunshine
14.	飞	fēi	V	to fly
15.	整	zhěng	Adj	whole; entire
16.	美景	měijǐng	N	beautiful scenery
17.	旅程	lǚchéng	N	journey
18.	迎接	yíngjiē	V	to welcome
19.	夸	kuā	V	to praise
20.	苦	kǔ	Adj	bitter

语言点

1. 连词：总之

总之，你出门可以不带钱包，但一定不能忘带手机。

“总之”，连词。一是表示总括上文，比如：“大卫爱唱歌，米雪爱跳舞，李白爱打篮球，总之，每个人都有自己的爱好。”二是表示概括性的结论，有“反正”的意思，比如：“不管你的考试成绩如何，总之要好好儿听课。”

“总之” is a conjunction. It can be used to summarize the preceding part of the text. For example, “大卫爱唱歌，米雪爱跳舞，李白爱打篮球，总之，每个人都有自己的爱好” (David loves to sing, Michelle loves to dance, and Li Bai loves to play basketball. In short, everyone has his or her own hobbies). It can also indicate a general conclusion, meaning “anyway”. For example, “不管你的考试成绩如何，总之要好好儿听课” (No matter what your test score is, you must pay attention in class anyway).

用所给的词语组成句子

（1）怎么想　他　总之　我　不同意　不管　他的看法

____。

（2）你　什么时候去　今天和明天　总之　不要去　都可以

____。

（3）你　也可以　把报告交给我　总之　明天　可以　上网查资料　问别人

____。

2. 格式：V来V去

小鸟飞来飞去。

“V 来 V 去”表示动作的多次重复。例如：

“V来V去” refers to an action that repeats multiple times. For instance:

①夜里，有只蚊子飞来飞去，我睡不着。

②鱼儿在水中游来游去，真可爱！

③都十点了，朋友还没来，大卫很着急，一直在门口走来走去。

用“V 来 V 去”完成句子

（1）她____________________，觉得还是那件蓝色的毛衣最好看。

（2）大卫____________________，最后决定去哈尔滨旅行。

（3）公园里的路都差不多，我____________________，就是找不到出口。

课堂练习

一、读拼音，写汉字

1. yǒnggǎn ________
2. kěxī ________
3. nándào ________
4. fādá ________
5. lǚchéng ________
6. zǒngzhī ________
7. zǔzhī ________
8. zhěngtiān ________

二、辨字组词

1. 功____ 劝____
2. 难____ 准____
3. 眼____ 跟____
4. 词____ 同____

三、词语搭配

1. 发达的
2. 眼前的
3. 勇敢的
4. 可惜的
5. 苦的

a. 美景
b. 药
c. 国家
d. 小鸟
e. 结果

四、完成句子或对话

1. 我特别喜欢吃那家的蛋糕，____________________。（可惜）
2. 她汉语说得这么好，____________________？（难道）
3. 你想去公园也好，想去电影院也好，____________________。（总之）
4. 孩子们在操场上____________________，玩儿得很高兴。（V 来 V 去）
5. A：别____________________，多出去走走对身体好。（整天）
   B：那咱们一会儿一起去吧。

五、根据课文内容回答问题

1. 根据课文一的内容回答问题。

（1）施瓦辛格在《终结者》里演什么？演得怎么样？

（2）科技给我们的生活带来了什么改变？

（3）机器人有什么特点？

2. 根据课文二的内容回答问题。

（1）为什么“我”说在中国生活最重要的是手机？

（2）在博物馆，机器人为我们做了什么？

（3）“我”觉得在中国的生活怎么样？

六、根据课文内容填空

昨天，马小军看了一个老电影，叫《终结者》，主要______有阿诺德·施瓦辛格、琳达·汉密尔顿。张萌只在______上看过介绍，她觉得男演员非常______，______也很好，______她没看过这个电影。张萌觉得______现在已经在改变我们的生活了，它不仅可以______飞机、汽车，还可以跟人对话。马小军担心电影里的事情将来可能发生，可是张萌觉得机器人虽然很______，但都是为人服务的。

七、任务活动

你的朋友刚到中国，对中国的“外卖”特别感兴趣，但是他不知道怎么买，正在向你咨询。请你详细地向他介绍一下，应该包括如下信息：

1. 哪款 APP 比较好用，为什么；
2. 如何注册个人账户；
3. 点外卖时应该注意什么；
4. 通过什么方式支付。

第八课　最好的朋友总是在一起

课文一

语言点

1. 副词：一旦
2. 格式：……什么的
3. 格式：像……一样

课文二

语言点

1. 连词 / 形容词：相反
2. 连词：从而

热身话题

1. 你一般怎么交新朋友？
2. 你喜欢和什么样的人交朋友？

课文一

08-1

（米雪在学校里遇见了张萌）

米　雪：张萌，你理发了？

张　萌：是的，好看吗？

米　雪：好看，以前我羡慕你的长头发，现在看来短发也不错。你是在哪家理发店理的？

张　萌：你也想理发吗？

米　雪：对，周末有个聚会，我想好好儿打扮一下。

张　萌：这个理发店有点儿远。在西门外面的车站坐1路车，到市图书馆。下车后左手边有个邮局，这个理发店就在邮局的东边。

米　雪：我的方向感不太好，分不清东西南北。

张　萌：你一旦迷路了，就给我打电话。

米　雪：对了，你假期过得怎么样？

张　萌：挺开心的，和家人、朋友在一起，吃吃饭、聊聊天儿、逛逛街、买买东西什么的。你呢？

米　雪：我参加了朋友的聚会。他们都是我来中国以后认识的，有中国人，也有外国人。大家平时都很忙，只能在网上联系，有机会就见见面、聊聊天儿，就像家人一样。

张　萌：没想到你在中国认识了这么多朋友！

米　雪：以前我以为距离会影响友谊，距离远了友谊也就淡了。现在发现，距离不但没有影响友谊，还给了我们更多动力去认识新朋友。

张　萌：对，友谊不分民族和国籍。从小到大很多人来了又去，但是最好的朋友总是在一起。人不在一起，心也在一起。

(Mǐ Xuě zài xuéxiào li yùjiànle Zhāng Méng)

Mǐ Xuě: Zhāng Méng, nǐ lǐfà le?

Zhāng Méng: Shìde, hǎokàn ma?

Mǐ Xuě: Hǎokàn, yǐqián wǒ xiànmù nǐ de cháng tóufa, xiànzài kànlái duǎn fà yě búcuò. Nǐ shì zài nǎ jiā lǐfàdiàn lǐ de?

Zhāng Méng: Nǐ yě xiǎng lǐfà ma?

Mǐ Xuě: Duì, zhōumò yǒu gè jùhuì, wǒ xiǎng hǎohāor dǎban yíxià.

Zhāng Méng: Zhège lǐfàdiàn yǒudiǎnr yuǎn. Zài xīmén wàimiàn de chēzhàn zuò 1 lù chē, dào shìtúshūguǎn. Xià chē hòu zuǒshǒubian yǒu gè yóujú, zhège lǐfàdiàn jiù zài yóujú de dōngbian.

Mǐ Xuě: Wǒ de fāngxiànggǎn bú tài hǎo, fēn bu qīng dōng xī nán běi.

Zhāng Méng: Nǐ yídàn mílù le, jiù gěi wǒ dǎ diànhuà.

Mǐ Xuě: Duìle, nǐ jiàqī guò de zěnmeyàng?

Zhāng Méng: Tǐng kāixīn de, hé jiārén, péngyou zài yìqǐ, chīchi fàn, liáoliao tiānr, guàngguang jiē, mǎimai dōngxi shénmede. Nǐ ne?

Mǐ Xuě: Wǒ cānjiāle péngyou de jùhuì. Tāmen dōu shì wǒ lái Zhōngguó yǐhòu rènshi de, yǒu zhōngguórén, yě yǒu wàiguórén. Dàjiā píngshí dōu hěn máng, zhǐ néng zài wǎng shang liánxì, yǒu jīhuì jiù jiànjian miàn, liáoliao tiānr, jiù xiàng jiārén yíyàng.

Zhāng Méng: Méi xiǎngdào nǐ zài Zhōngguó rènshile zhème duō péngyou!

Mǐ Xuě: Yǐqián wǒ yǐwéi jùlí huì yǐngxiǎng yǒuyì, jùlí yuǎnle yǒuyì yě jiù dàn le. Xiànzài fāxiàn, jùlí búdàn méiyǒu yǐngxiǎng yǒuyì, hái gěile wǒmen gèng duō dònglì qù rènshi xīn péngyou.

Zhāng Méng: Duì, yǒuyì bù fēn mínzú hé guójí. Cóng xiǎo dào dà hěn duō rén láile yòu qù, dànshì zuì hǎo de péngyou zǒngshì zài yìqǐ. Rén bú zài yìqǐ, xīn yě zài yìqǐ.

生词

08-2

1.	理发	lǐ//fà	VO	to have a haircut
2.	羡慕	xiànmù	V	to envy
3.	聚会	jùhuì	N	party; get-together
4.	打扮	dǎban	V	to dress up
5.	车站	chēzhàn	N	bus/train station
6.	市	shì	N	city
7.	邮局	yóujú	N	post office
8.	方向	fāngxiàng	N	direction
9.	一旦	yídàn	Adv	once; in case of
10.	迷路	mí//lù	VO	to lose one's way
11.	开心	kāixīn	Adj	happy
	心	xīn	N	heart
12.	街	jiē	N	street
13.	友谊	yǒuyì	N	friendship
14.	淡	dàn	Adj	indifferent
15.	动力	dònglì	N	motive; motivation
16.	民族	mínzú	N	ethnicity
17.	国籍	guójí	N	nationality

语言点

1. 副词：一旦

你一旦迷路了，就给我打电话。

“一旦”，副词，表示预设或假设突然出现新情况，后面常用“就”引出对应的结果。例如：

“一旦” is an adverb used to presuppose or assume a sudden new situation. It is often followed by “就” to introduce the corresponding result. For instance:

① 牛奶一旦打开，就要尽快喝完。

② 一旦想好了，就赶快去做，不要拖延。

③ 病人一旦有什么不舒服，一定要及时通知医生。

用“一旦”改写句子

（1）现在出门做什么都需要手机，忘了带手机会很麻烦。

______________________________。

（2）戴上耳机以后，外面什么声音都听不见了。

______________________________。

（3）商品购买一个星期以内出现问题，都可以联系商场退换。

______________________________。

2. 格式：……什么的

吃吃饭、聊聊天儿、逛逛街、买买东西什么的。

“什么的”用在两个或两个以上的并列词语后，表示列举未尽，常用于口语。例如：

“什么的” (and the like) is used after two or more parallel words to indicate that the list goes on. It is often used in spoken language. For instance:

① 我们可以去超市买点儿苹果、香蕉、酸奶什么的当晚餐。

② 学校每年都会安排很多活动，比如体育比赛、语言比赛、唱歌比赛什么的。

③这个软件的功能很多，可以用来和朋友聊天儿、查询信息、订餐什么的。

用"……什么的"回答问题

（1）你平时怎么过周末？

______________________________。

（2）你认为多学一门外语有哪些好处？

______________________________。

（3）我们可以做些什么来保护环境？

______________________________。

3. 格式：像……一样

就像家人一样。

"像……一样"表示相似。例如：

"像……一样" indicates similarity. For instance:

①你怎么像小孩儿一样，说哭就哭。

②他骑自行车骑得特别快，像飞一样。

③一到周末，这里就像过节一样热闹。

用"像……一样"完成句子

（1）同学们都放假回家了，宿舍楼安静得______________。

（2）我们的小区有很多花草树木，还有一条小河，______________。

（3）我希望我的汉语能说得______________，那样我就满足了。

课文二

08-3

我们差不多每天都要和别人交流。出生以后，我们首先跟父母交流，然后是亲戚、朋友、老师……有时候面对面，有时候用电子邮箱、聊天儿软件。在交流过程中，人和人之间产生了联系，我们叫它“人际关系”。

人际关系有好有差。人际关系差的人往往不知道怎么跟别人交流，甚至拒绝跟别人交流，这样的人常常会被认为不好相处。一旦有了这样的印象，想建立好的人际关系就变得非常困难了。相反，人际关系好的人身边朋友多，生活中也常常会得到更多帮助。有调查显示，多数成功的人认为，好的人际关系是走向成功的必要条件。这是为什么呢？

首先，人际关系越好的人，跟他交流的人就越多。因此，他们有更多的机会获得信息，增长知识和经验。

其次，在了解他人的过程中，人际关系好的人也会更加了解自己，了解自己的优点和缺点，从而在各方面得到提高。

最后，好的人际关系也有利于生活幸福、身体健康和心理健康，这对于成为一名成功者来说也是不可缺少的。

总之，好的人际关系就像一把钥匙，能帮我们打开通往成功的大门。

Wǒmen chàbuduō měi tiān dōu yào hé biérén jiāoliú. Chūshēng yǐhòu, wǒmen shǒuxiān gēn fùmǔ jiāoliú, ránhòu shì qīnqi, péngyou, lǎoshī…Yǒu shíhou miànduìmiàn, yǒu shíhou yòng diànzǐ yóuxiāng, liáotiānr ruǎnjiàn. Zài jiāoliú guòchéng zhōng, rén hé rén zhījiān chǎnshēngle liánxì, wǒmen jiào tā “rénjì guānxì”.

Rénjì guānxì yǒu hǎo yǒu chà. Rénjì guānxì chà de rén wǎngwǎng bù zhīdào zěnme gēn biérén jiāoliú, shènzhì jùjué gēn biérén jiāoliú, zhèyàng de rén chángcháng huì bèi rènwéi bù hǎo xiāngchǔ. Yídàn yǒule zhèyàng de yìnxiàng, xiǎng jiànlì hǎo de rénjì guānxì jiù biàn de fēicháng kùnnan le. Xiāngfǎn, rénjì guānxì hǎo de rén shēnbiān péngyou duō, shēnghuó zhōng yě chángcháng huì dédào gèng duō bāngzhù. Yǒu diàochá xiǎnshì, duōshù chénggōng de rén rènwéi, hǎo de rénjì guānxì shì zǒuxiàng chénggōng de bìyào tiáojiàn. Zhè shì wèi shénme ne?

Shǒuxiān, rénjì guānxì yuè hǎo de rén, gēn tā jiāoliú de rén jiù yuè duō. Yīncǐ, tāmen yǒu gèng duō de jīhuì huòdé xìnxī, zēngzhǎng zhīshi hé jīngyàn.

Qícì, zài liǎojiě tārén de guòchéng zhōng, rénjì guānxì hǎo de rén yě huì gèngjiā liǎojiě zìjǐ, liǎojiě zìjǐ de yōudiǎn hé quēdiǎn, cóng'ér zài gè fāngmiàn dédào tígāo.

Zuìhòu, hǎo de rénjì guānxì yě yǒulì yú shēnghuó xìngfú, shēntǐ jiànkāng hé xīnlǐ jiànkāng, zhè duìyú chéngwéi yì míng chénggōngzhě lái shuō yě shì bù kě quēshǎo de.

Zǒngzhī, hǎo de rénjì guānxì jiù xiàng yì bǎ yàoshi, néng bāng wǒmen dǎkāi tōngwǎng chénggōng de dàmén.

生词

08-4

1.	父母	fùmǔ	N	parents
2.	电子邮箱	diànzǐ yóuxiāng	NP	email
3.	相处	xiāngchǔ	V	to get on with (sb.)
4.	建立	jiànlì	V	to establish
5.	相反	xiāngfǎn	Conj/Adj	on the contrary; opposite
6.	显示	xiǎnshì	V	to show; to reveal
7.	信息	xìnxī	N	information
8.	增长	zēngzhǎng	V	to increase
9.	缺点	quēdiǎn	N	shortcoming
10.	从而	cóng'ér	Conj	thus
11.	钥匙	yàoshi	N	key

语言点

1. 连词 / 形容词：相反

相反，人际关系好的人身边朋友多。

“相反”，连词，常用在下文句首或句中，表示转折关系。

“相反” is a conjunction often used at the beginning of a new sentence or in the middle of a sentence to indicate adversative relationship.

①有了孩子以后，她的工作没受影响，相反，还取得了更大的工作成绩。

②选择这门课的同学不是太多，相反，是太少了，还不够 10 个人。

“相反” 也可以做形容词，表示两种事物或事物的两个方面互相对立或互相排斥。

“相反” can also be used as an adjective, meaning that two things or two aspects of something are mutually opposed or mutually exclusive.

③ 下车以后，我向东走，丽丽向西走，我们俩的方向完全相反。

④ 有的人认为应该饭前吃水果，有的人认为应该饭后吃水果，这是两种完全相反的意见。

用“相反”改写句子

（1）我先写作业再复习，同屋先复习再写作业。

______________________________。

（2）生意失败了，姐姐并没有难过，而是更加努力了。

______________________________。

2. 连词：从而

……，从而在各方面得到提高。

“从而” 用于后一个小句的开头，表示结果、目的或者进一步行动，常用于书面。例如：

“从而” is used at the beginning of the latter clause to indicate the result, purpose or further action. It is often used in written language. For instance:

① 这个品牌在线上、线下都举办了丰富的打折活动，从而吸引了更多的

客人。

②多锻炼，注意饮食和休息，从而提高身体对新环境的适应能力。

③通过调查研究，从而找出解决问题的方法。

用“从而”完成句子

（1）在课上，老师通过精彩的讲解和丰富的练习，________________。

（2）我们要大力发展科学技术，________________。

（3）这家餐厅通过提高服务质量，________________。

课堂练习

一、读拼音，写汉字

1. dǎban ________
2. jiànlì ________
3. xiāngfǎn ________
4. lǐfà ________
5. yóujú ________
6. xiǎnshì ________
7. xìnxī ________
8. quēdiǎn ________

二、辨字组词

1. 牌____ 版____
2. 邮____ 油____
3. 增____ 曾____
4. 匙____ 起____

三、词语搭配

1. 增长　　a. 信息
2. 改掉　　b. 友谊
3. 参加　　c. 缺点
4. 产生　　d. 聚会
5. 交流　　e. 知识

四、完成句子或对话

1. 商场把打折的信息放到网上，________________________。（从而）

2. ________________________，就能理解父母的辛苦了。（一旦）

3. A：你觉得留学生活有什么好处？

B：________________。（增长）

4. 艺术节上有各种各样的演出，________________。（什么的）

5. 我希望________________。（像……一样）

五、根据课文内容回答问题

1. 根据课文一的内容回答问题。

（1）米雪打算做什么？为什么？

（2）张萌的假期怎么样？

（3）友谊和距离、民族、国籍有什么关系？

2. 根据课文二的内容回答问题。

（1）什么是“人际关系”？

（2）人际关系差的人容易给人留下什么样的印象？

（3）人际关系好有哪些好处？

六、根据课文内容填空

以前，米雪______张萌的长头发。但是米雪看到张萌理了短发以后，觉得也很好看，也想去______，因为她想为周末的______好好儿______一下。张萌告诉米雪，去理发店要到西门外面的______坐公交车到______图书馆，下车后，______手边有个邮局，理发店就在邮局的______边。米雪的______感不好，她______迷路了，就给张萌打电话。

张萌的假期过得很开心，跟家人、朋友在一起，吃吃饭、聊聊天儿、逛逛______、买买东西______。米雪在中国认识了很多朋友，有中国人，也有外国人，他们在一起就像家人______。米雪发现，距离不但没有影响大家的______，还给了我们______去认识更多新朋友。友谊不分______和______，最好的朋友总是在一起。

七、任务活动

每个人都需要朋友。在生活中，你怎么认识新朋友？你喜欢和什么样的人交朋友？你常常和朋友一起做什么？……两位同学一组，互相了解这些问题。

第九课 你了解海洋吗？

课文一

语言点

1. 名词：目前
2. 比一比："趟" 和 "遍"
3. 比一比："大概" 和 "大约"

课文二

语言点

1. 比一比："到底" 和 "究竟"
2. 量词：倍

热身话题

1. 你想去海边玩儿吗？为什么？
2. 说一说海里都有什么。

课文一

09-1

（教室里，米雪和李白在聊天儿）

王老师：米雪，李白，你们在聊什么呢？

李　白：老师，快放假了，我们在讨论假期去哪儿玩儿。老师，您假期有什么打算？

王老师：我有很多安排，陪父母聊天儿，看朋友，还有最重要的，今年计划去一趟海南。

李　白：海南在哪儿，远吗？

王老师：海南是中国最南边的一个省，离这儿大约两千六百多公里。

李　白：那么远呀，为什么去那么远的地方呢？

王老师：因为那里的冬天一点儿也不冷，最冷的时候大约二十度，而且海南的海也很漂亮。你们呢？都计划好了吗？

李　白：目前还没决定，不过我很可能回国，父母想我了，让我回去。

米　雪：我跟朋友商量好了，假期我们一起去哈尔滨。

王老师：真的吗？哈尔滨的冬天非常冷，你不是很怕冷吗？

米　雪：我是怕冷，可我还是喜欢寒冷的冬天，因为我们国家温度一直比较高，从来不下雪。听说哈尔滨的雪很漂亮，我想去看看。

王老师：哈尔滨的冬天很美，一定不会让你失望。那里还有冰灯，到了夜里非常漂亮。

米　雪：什么时候能看到冰灯呀？

王老师：大概十二月底就有了。

米　雪：啊，我快等不及了！

(Jiàoshì li, Mǐ Xuě hé Lǐ Bái zài liáotiānr)

Wáng lǎoshī: Mǐ Xuě, Lǐ Bái, nǐmen zài liáo shénme ne?

Lǐ Bái: Lǎoshī, kuài fàngjià le, wǒmen zài tǎolùn jiàqī qù nǎr wánr. Lǎoshī, nín jiàqī yǒu shénme dǎsuàn?

Wáng lǎoshī: Wǒ yǒu hěn duō ānpái, péi fùmǔ liáotiānr, kàn péngyou, hái yǒu zuì zhòngyào de, jīnnián jìhuà qù yí tàng Hǎinán.

Lǐ Bái: Hǎinán zài nǎr, yuǎn ma?

Wáng lǎoshī: Hǎinán shì Zhōngguó zuì nánbian de yí gè shěng, lí zhèr dàyuē liǎngqiān liùbǎi duō gōnglǐ.

Lǐ Bái: Nàme yuǎn ya, wèi shénme qù nàme yuǎn de dìfang ne?

Wáng lǎoshī: Yīnwèi nàlǐ de dōngtiān yìdiǎnr yě bù lěng, zuì lěng de shíhou dàyuē èrshí dù, érqiě Hǎinán de hǎi yě hěn piàoliang. Nǐmen ne? Dōu jìhuà hǎo le ma?

Lǐ Bái: Mùqián hái méi juédìng, búguò wǒ hěn kěnéng huí guó, fùmǔ xiǎng wǒ le, ràng wǒ huíqu.

Mǐ Xuě: Wǒ gēn péngyou shāngliang hǎo le, jiàqī wǒmen yìqǐ qù Hā'ěrbīn.

Wáng lǎoshī: Zhēn de ma? Hā'ěrbīn de dōngtiān fēicháng lěng, nǐ bú shì hěn pà lěng ma?

Mǐ Xuě: Wǒ shì pà lěng, kě wǒ háishi xǐhuan hánlěng de dōngtiān, yīnwèi wǒmen guójiā wēndù yìzhí bǐjiào gāo, cónglái bú xià xuě. Tīngshuō Hā'ěrbīn de xuě hěn piàoliang, wǒ xiǎng qù kànkan.

Wáng lǎoshī: Hà'ěrbīn de dōngtiān hěn měi, yídìng bú huì ràng nǐ shīwàng. Nàlǐ hái yǒu bīngdēng, dàole yèlǐ fēicháng piàoliang.

Mǐ Xuě: Shénme shíhou néng kàndào bīngdēng ya?

Wáng lǎoshī: Dàgài shíèr yuè dǐ jiù yǒu le.

Mǐ Xuě: À, wǒ kuài děngbují le!

生词

09-2

1.	海洋	hǎiyáng	N	ocean
	海	hǎi	N	sea
2.	讨论	tǎolùn	V	to discuss
3.	大约	dàyuē	Adv	about; approximately
4.	目前	mùqián	N	currently
5.	怕	pà	V	to fear
6.	寒冷	hánlěng	Adj	cold
7.	冰灯	bīngdēng	N	ice lantern
8.	夜里	yèlǐ	N	night
9.	底	dǐ	Suf	end
特例词				
1.	海南	Hǎinán	PN	Hainan (province)
2.	哈尔滨	Hā'ěrbīn	PN	Harbin (city)

语言点

1. 名词：目前

目前还没决定。

"目前"，名词，表示说话的时候，具有书面语色彩。

"目前" is a noun that refers to the very moment of speaking. It is somewhat formal.

①对很多年轻人来说，目前最大的困难是找到一份满意的工作。

②我目前的生活既快乐又充实。

③目前，世界各国对经济发展都很重视。

用“目前”回答问题

（1）你最关心什么问题？

______________________________。

（2）你的学习、工作压力大吗？

______________________________。

（3）你觉得科学技术发展得怎么样？

______________________________。

2. 比一比：“趟”和“遍”

“趟”和“遍”都是量词，都表示动作发生一次，但有些区别。“趟”是一个去的动作加上一个回的动作，“遍”表示一个动作或行为从开始到结束的全部过程。例如：

Both “趟” and “遍” are measure words, indicating that the action occurs once. But they have some differences. “趟” includes both actions of going somewhere and coming back, and “遍” refers to the entire process of an action or behavior from beginning to end. For instance:

①上个周末，他开车去了一趟银行。

②我去办公室找老师，但是老师不在，我白跑了一趟。

③大卫已经三年没回国了，这个暑假他打算回一趟国。

④我已经听了三遍录音了，可还是没完全听懂。

⑤这道题老师已经讲了三遍了，你还没有听明白吗？

⑥你把这段话多读几遍，就能大概明白是什么意思了。

选词填空

趟　　遍

（1）这本小说我已经看了七八________了，对里面的故事非常熟悉。

（2）周末能陪我去一________超市吗？我要买很多东西。

（3）那部电影我已经看过很多________了，我们换个新的电影看吧。

（4）大卫，请你下午来一________我的办公室。

3. 比一比："大概" 和 "大约"

相同点： Similarities:

两个词都是副词，表示对时间和数量的估计。例如：

Both are adverbs that are used to estimate time or quantity. For instance:

①大概 / 大约有三千人参加今天的活动。

②期末考试大概 / 大约安排在下个月底举行。

③我们年级的女生大概 / 大约占全校学生人数的百分之十五。

不同点： Differences:

做副词时，"大概" 多用于对情况的推测，"大约" 多用于对数量的推测。例如：

As an adverb, "大概" is mostly used to speculate about the situation, while "大约" is mostly used to estimate the quantity. For instance:

④这么晚了，我想他大概不会来了。

⑤这里大约有二十个人。

另外，"大概" 还可以做形容词，意思是大致的，不受程度副词的修饰。"大概" 在句中不能做谓语，做定语时常常带数量短语 "一个"。例如：

In addition, "大概" can also be used as an adjective, which means "general; rough" and cannot be modified by an adverb of degree. "大概" cannot serve as the predicate in a sentence, and is usually used together with the numeral-measure phrase "一个" when serving as an attribute. For instance:

⑥我只了解那所学校的大概情况。

⑦三百多平米只是一个大概数字。

选词填空

大约　　大概

（1）这两年，那个地方的人口________增长了 30%。

（2）电影都开始半小时了，他________不会来了。

（3）A：你们学校有多少人？

　　 B：我只知道一个________的数字。

（4）我只能读懂这本书的________意思，很多具体问题还都不明白。

（5）她在农村________住了两三年。

课文二

09-3

很多人都喜欢去海边玩儿，那里有蓝蓝的海水、金色的沙滩。去过海边的人几乎都会说："大海真漂亮，我喜欢大海。"可是我们真的了解海洋吗？

尽管人类很早就已经开始认识海洋了，可是对它的了解还很不够，海洋太大、太深，有很多地方还从来没有人去过。那么，海洋到底有多深呢？目前人类知道的最深的地方，大约有一万一千多米，那里没有阳光，海水压力非常大，而普通人最多只能下到水下十几米深的地方。

海洋中有很多人类需要的资源，比如：我们每天都吃的盐就主要来自海洋；海洋里还有丰富的生物资源，人们已经知道的大约有21万种，可是有科学家估计，海洋生物的种类可能是这个数字的3～10倍。海洋对地球气候也有重要影响，海水温度稍微变化一点儿，就可能带来气候变化。可是海洋温度到底为什么会发生变化，是怎么起作用的，我们还不太清楚。希望随着科技的进步，将来有一天人们能发现海洋的所有秘密。

Hěn duō rén dōu xǐhuan qù hǎi biān wánr, nàlǐ yǒu lánlán de hǎishuǐ, jīnsè de shātān. Qùguo hǎi biān de rén jīhū dōu huì shuō: "Dàhǎi zhēn piàoliang, wǒ xǐhuan dàhǎi." Kěshì wǒmen zhēn de liǎojiě hǎiyáng ma?

Jǐnguǎn rénlèi hěn zǎo jiù yǐjīng kāishǐ rènshi hǎiyáng le, kěshì duì tā de liǎojiě hái hěn búgòu, hǎiyáng tài dà, tài shēn, yǒu hěn duō dìfang hái cónglái méiyǒu rén qùguo. Nàme, hǎiyáng dàodǐ yǒu duō shēn ne? Mùqián rénlèi zhīdào de zuì shēn de dìfang, dàyuē yǒu yíwàn yìqiān duō mǐ, nàlǐ méiyǒu yángguāng, hǎishuǐ yālì fēicháng dà, ér pǔtōngrén zuì duō zhǐ néng xiàdào shuǐ xià shí jǐ mǐ shēn de dìfang.

Hǎiyáng zhōng yǒu hěn duō rénlèi xūyào de zīyuán, bǐrú: wǒmen měi tiān dōu chī de yán jiù zhǔyào láizì hǎiyáng; hǎiyáng li hái yǒu fēngfù de shēngwù zīyuán, rénmen yǐjīng zhīdào de dàyuē yǒu 21 wàn zhǒng, kěshì yǒu kēxuéjiā gūjì, hǎiyáng shēngwù de zhǒnglèi kěnéng shì zhège shùzì de 3~10 bèi. Hǎiyáng duì dìqiú qìhòu yě yǒu zhòngyào yǐngxiǎng, hǎishuǐ wēndù shāowēi biànhuà yìdiǎnr, jiù kěnéng dàilái qìhòu biànhuà. Kěshì hǎiyáng wēndù dàodǐ wèi shénme huì fāshēng biànhuà, shì zěnme qǐ zuòyòng de, wǒmen hái bú tài qīngchu. Xīwàng suízhe kējì de jìnbù, jiānglái yǒu yì tiān rénmen néng fāxiàn hǎiyáng de suǒyǒu mìmì.

生词

09-4

1.	金色	jīnsè	N	gold (color)
2.	沙滩	shātān	N	beach
3.	人类	rénlèi	N	humankind
4.	深	shēn	Adj/N	deep; depth
5.	到底	dàodǐ	Adv	(*emphasizing a question*) on earth; exactly
6.	普通	pǔtōng	Adj	ordinary
7.	资源	zīyuán	N	resource(s)
8.	盐	yán	N	salt
9.	来自	láizì	V	to come from
10.	生物	shēngwù	N	creature
11.	种类	zhǒnglèi	N	species; variety
12.	倍	bèi	M	times; -fold
13.	地球	dìqiú	N	earth
14.	稍微	shāowēi	Adv	slightly
15.	作用	zuòyòng	N	function
16.	所有	suǒyǒu	Adj	all
17.	秘密	mìmì	N	secret

语言点

1. 比一比："到底" 和 "究竟"

相同点： Similarities:

两个词都可以做副词，有加强语气的作用，多用于强调原因。例如：

Both can be used as adverbs to strengthen the tone and mostly to emphasize the reason. For instance:

①孩子究竟 / 到底是孩子，哭了一会儿又自己去玩儿了。

都可以用在疑问句中表示进一步追问，加强追问的语气。例如：

Both can be used in interrogative sentences to express further inquiry and to strengthen the tone of inquiry. For instance:

②谁陪我去医院看病，究竟 / 到底是你去还是爸爸去？

但是，带 "吗" 的疑问句中不能用 "到底" 和 "究竟"。例如：

However, "到底" and "究竟" cannot be used in interrogative sentences with "吗". For instance:

③你究竟 / 到底饿吗？（ × ）　　你到底 / 究竟饿不饿？（ √ ）

不同点： Differences:

做副词时，"到底" 多用于口语，"究竟" 多用于书面语。此外，"到底" 还可以表示经过较长的过程最后出现某种结果。例如：

As an adverb, "到底" is often used in spoken language, while "究竟" is mostly used in written language. Moreover, "到底" can also imply that a certain result finally appears after a long process. For instance:

④我跟爸爸、妈妈商量了很久，他们到底还是不同意我去上海。

"到底" 可以做动词，意思是到最后。例如：

"到底" can be used as a verb, meaning "till the end". For instance:

⑤虽然这个任务很难，但是我们一定会坚持到底。

选词填空

究竟　　到底

（1）米饭也不行，面条儿也不喜欢，你________想吃什么？

（2）这本书________是你的还是他的？

（3）她和男朋友讨论了半天，还是没决定________去哪儿旅行。

（4）在大家的坚持和努力下，这件事________成功了。

（5）既然选择了这条路，就要走________。

2. 量词：倍

海洋生物的种类可能是这个数字的 3 ～ 10 倍。

“倍”表示倍数，后面一般不跟名词。例如：

“倍” means “times; -fold”, which is rarely followed by a noun. For instance:

① 3 的 2 倍是 6。

② 15 是 5 的 3 倍。

③ 他的汉语水平比我高好几倍。

用“倍”回答问题

（1）小王有 10 个苹果、2 个香蕉。请问苹果的数量是香蕉的几倍？

____。

（2）汽车的速度是 90 公里每小时，火车的速度是 300 公里每小时，飞机的速度是 900 公里每小时。请问，飞机的速度是火车的几倍，是汽车的几倍？

____。

课堂练习

一、读拼音，写汉字

1. tǎolùn ________
2. hánlěng ________
3. hǎiyáng ________
4. dàodǐ ________
5. dàyuē ________
6. pǔtōng ________
7. shāowēi ________
8. mìmì ________

二、辨字组词

1. 讨____　2. 底____　3. 滩____　4. 约____
过____　低____　难____　的____

三、词语搭配

1. 金色的　a. 资源
2. 丰富的　b. 沙滩
3. 蓝色的　c. 科技
4. 发达的　d. 冬天
5. 寒冷的　e. 海洋

四、完成句子或对话

1. 谁也不知道他________________。（到底）

2. A：你记得大卫的生日是这个月的哪天吗？
B：我也记不清楚了，________________。（大约）

3. 我们学校的留学生________________。（来自）

4. 我有 100 块钱，妈妈有 500 块钱，妈妈的钱________________。（倍）

5. 雨现在下得很大，等________________，我们再回家吧。（稍微）

五、根据课文内容回答问题

1. 根据课文一的内容回答问题。
（1）王老师假期有什么安排？
（2）海南的冬天怎么样？
（3）米雪怕冷吗？她为什么很想去哈尔滨？
2. 根据课文二的内容回答问题。
（1）海洋到底有多深呢？那里是什么样子的？
（2）海洋里有什么资源？
（3）海洋对地球气候有什么影响？

六、根据课文内容填空

米雪和李白正在______假期去哪儿玩儿。王老师的假期有很多安排，______父母聊天儿，看朋友，还有最重要的就是去一______海南。海南是中国最南边的一个省，______他们的城市两千六百多公里。那里的冬天一点儿也不冷，有二十多度。李白假期要回国，他的父母想他了，______他回去。米雪跟朋友______好了，一起去哈尔滨。虽然她很______冷，但是她还是喜欢______的冬天，因为她的国家______下雪。而且哈尔滨还有______，______非常漂亮。米雪快______了。

七、活动设计

两位同学一组，互相了解对方的一次旅行经历。了解的过程中，可以问下面的问题：

1. 你最近一次的旅行是去哪里？
2. 你是什么时候去的？和谁一起去的？
3. 你为什么去那里旅行？
4. 那里怎么样？（可以重点介绍你最喜欢的一个景点）
5. 关于那次旅行，你最大的感受是什么？

第十课 经常运动身体好

课文一

语言点

1. 格式：对……有好处 / 有帮助
2. 形容词：过度

课文二

语言点

1. 名词：同时
2. 连词：于是

热身话题

1. 你喜欢做运动吗？喜欢什么运动？
2. 经常运动有什么好处？

课文一

10-1

（米雪和张萌在健身房运动）

张　萌：你看见我的矿泉水了吗？

米　雪：没看见，我的还没喝呢，给你吧。

张　萌：谢谢。你也休息一会儿，用毛巾擦擦汗吧，你的衣服都湿了。

米　雪：我特别爱出汗，一运动就全身汗。

张　萌：听说出汗对健康有好处，尤其是对皮肤有好处。

米　雪：我觉得出汗以后身体很舒服。

张　萌：出汗还能减肥呢，我来健身就是希望能出出汗、减减肥。

米　雪：坚持运动肯定能减肥。运动有很多好处，除了减肥以外，运动还能提高睡眠质量，我从开始健身到现在不仅体重轻了六公斤，而且晚上也睡得更好了。

张　萌：我现在只要能达到标准体重就很满意了。

米　雪：你是刚开始健身吧？

张 萌：对，这几天我的胳膊和腿都疼得不得了，早上起床，胳膊都抬不起来。

米 雪：这很正常，不过刚开始健身你一定要注意不能过度，要找到适合自己的健身方式。健身结束以后要记得敲敲腿、拉一拉肌肉，身体慢慢习惯就好了。

张 萌：好的，米雪老师，我记下了。

米 雪：别开玩笑了，我可不敢当你的老师。

(Mǐ Xuě hé Zhāng Méng zài jiànshēnfáng yùndòng)

Zhāng Méng: Nǐ kànjiàn wǒ de kuàngquánshuǐ le ma?

Mǐ Xuě: Méi kànjiàn, wǒ de hái méi hē ne, gěi nǐ ba.

Zhāng Méng: Xièxie. Nǐ yě xiūxi yíhuìr, yòng máojīn cāca hàn ba, nǐ de yīfu dōu shī le.

Mǐ Xuě: Wǒ tèbié ài chū hàn, yí yùndòng jiù quánshēn hàn.

Zhāng Méng: Tīngshuō chū hàn duì jiànkāng yǒu hǎochù, yóuqí shì duì pífū yǒu hǎochù.

Mǐ Xuě: Wǒ juéde chū hàn yǐhòu shēntǐ hěn shūfu.

Zhāng Méng: Chū hàn hái néng jiǎnféi ne, wǒ lái jiànshēn jiù shì xīwàng néng chūchu hàn, jiǎnjian féi.

Mǐ Xuě: Jiānchí yùndòng kěndìng néng jiǎnféi. Yùndòng yǒu hěn duō hǎochù, chúle jiǎnféi yǐwài, yùndòng hái néng tígāo shuìmián zhìliàng, wǒ cóng kāishǐ jiànshēn dào xiànzài bùjǐn tǐzhòng qīngle liù gōngjīn, érqiě wǎnshang yě shuì de gèng hǎo le.

Zhāng Méng: Wǒ xiànzài zhǐ yào néng dádào biāozhǔn tǐzhòng jiù hěn mǎnyì le.

Mǐ Xuě: Nǐ shì gāng kāishǐ jiànshēn ba?

Zhāng Méng: Duì, zhè jǐ tiān wǒ de gēbo hé tuǐ dōu téng de bùdéliǎo, zǎoshang qǐchuáng, gēbo dōu tái bu qǐlái.

Mǐ Xuě: Zhè hěn zhèngcháng, búguò gāng kāishǐ jiànshēn nǐ yídìng yào zhùyì bù néng guòdù, yào zhǎodào shìhé zìjǐ de jiànshēn fāngshì. Jiànshēn jiéshù yǐhòu yào jìde qiāoqiao tuǐ, lā yi lā jīròu, shēntǐ mànmān xíguàn jiù hǎo le.

Zhāng Méng: Hǎo de, Mǐ Xuě lǎoshī, wǒ jìxia le.

Mǐ Xuě: Bié kāi wánxiào le, wǒ kě bùgǎn dāng nǐ de lǎoshī.

生词 10-2

1.	矿泉水	kuàngquánshuǐ	N	mineral water
2.	毛巾	máojīn	N	towel
3.	擦	cā	V	to wipe
4.	湿	shī	Adj	wet
5.	皮肤	pífū	N	skin
6.	减肥	jiǎn//féi	VO	to lose weight
7.	体重	tǐzhòng	N	(body) weight
8.	轻	qīng	Adj	light
9.	标准	biāozhǔn	Adj	standard
10.	胳膊	gēbo	N	arm
11.	抬	tái	V	to lift; to raise
12.	过度	guòdù	Adj	over-; excessive
13.	敲	qiāo	V	to knock; to beat
14.	拉	lā	V	to pull
15.	肌肉	jīròu	N	muscle
16.	开玩笑	kāi wánxiào	V O	to joke
17.	不敢	bùgǎn	V	dare not
	敢	gǎn	V	to dare

语言点

1. 格式：对……有好处 / 有帮助

听说出汗对健康有好处，尤其是对皮肤有好处。

“对……有好处 / 有帮助”表示对做某事的肯定。例如：

"对……有好处 / 有帮助" (to be beneficial/helpful to...) expresses an affirmation of doing something. For instance:

①合理的饮食对我们的身体有好处。

②这个生意对我们两家公司都有好处。

③听说这个台灯对保护眼睛有帮助。

用"对……有好处 / 有帮助"回答问题

（1）课间休息的时候，为什么老师常鼓励学生站起来活动一下？

____。

（2）为什么很多家长喜欢带孩子去博物馆？

____。

（3）为什么去超市购物最好自己带购物袋？

____。

2. 形容词：过度

不过刚开始健身你一定要注意不能过度。

"过度"，形容词，表示超过适当的限度，具有书面语色彩。

"过度", an adjective which is pretty formal, means exceeding an appropriate limit.

（1）过度运动对身体不好。

（2）考试以前，有的同学会紧张过度。

（3）服务员的过度热情让我不太舒服。

用"过度"改写句子

（1）有的人每天使用手机的时间特别长。

____。

（2）网上购物，容易消费太多。

____。

课文二

10-3

现在，城市里的健身房越来越多，公园里、湖边也常常能看到锻炼身体的人。不过，人们健身的目的各不相同，有的人希望通过健身减轻体重，有的人希望通过健身减轻压力。无论是哪种目的，我们都需要掌握正确的健身方法。

首先，健身的强度和进度一定要适合自己。每个人的身体情况不同，一定不要因为着急想看到效果，就一味地增加运动强度，或者加快进度。这样不仅对健康没好处，甚至还可能受伤。

其次，饮食要合理。在健身的同时要特别注意自己的饮食安排。很多人锻炼后会觉得很饿，于是就大吃一顿。这样不利于降低体重，也会影响身体健康。

最后，要选择合适的衣服。比如练习瑜伽，最好选择专业的瑜伽服，这样的衣服更适合运动，也更加舒适。

希望这篇文章能够对你有帮助，无数人的经验证明，只要掌握正确的方法并坚持下去，就能达到增进身体健康的目的。

Xiànzài, chéngshì li de jiànshēnfáng yuèláiyuè duō, gōngyuán li, hú biān yě chángcháng néng kàndào duànliàn shēntǐ de rén. Búguò, rénmen jiànshēn de mùdì gè bù xiāngtóng, yǒude rén xīwàng tōngguò jiànshēn jiǎnqīng tǐzhòng, yǒude rén xīwàng tōngguò jiànshēn jiǎnqīng yālì. Wúlùn shì nǎ zhǒng mùdì, wǒmen dōu xūyào zhǎngwò zhèngquè de jiànshēn fāngfǎ.

Shǒuxiān, jiànshēn de qiángdù hé jìndù yídìng yào shìhé zìjǐ. Měi gè rén de shēntǐ qíngkuàng bù tóng, yídìng búyào yīnwèi zháojí xiǎng kàndào xiàoguǒ, jiù yíwèi de zēngjiā yùndòng qiángdù, huòzhě jiākuài jìndù. Zhèyàng bùjǐn duì jiànkāng méi hǎochù, shènzhì hái kěnéng shòushāng.

Qícì, yǐnshí yào hélǐ. Zài jiànshēn de tóngshí yào tèbié zhùyì zìjǐ de yǐnshí ānpái. Hěn duō rén duànliàn hòu huì juéde hěn è, yúshì jiù dà chī yí dùn. Zhèyàng bú lìyú jiàngdī tǐzhòng, yě huì yǐngxiǎng shēntǐ jiànkāng.

Zuìhòu, yào xuǎnzé héshì de yīfu. Bǐrú liànxí yújiā, zuìhǎo xuǎnzé zhuānyè de yújiāfú, zhèyàng de yīfu gèng shìhé yùndòng, yě gèngjiā shūshì.

Xīwàng zhè piān wénzhāng nénggòu duì nǐ yǒu bāngzhù, wúshù rén de jīngyàn zhèngmíng, zhǐyào zhǎngwò zhèngquè de fāngfǎ bìng jiānchí xiàqu, jiù néng dádào zēngjìn shēntǐ jiànkāng de mùdì.

生词

10-4

1.	掌握	zhǎngwò	V	to master; to grasp
2.	正确	zhèngquè	Adj	correct
3.	方法	fāngfǎ	N	way; method
4.	强度	qiángdù	N	intensity
5.	进度	jìndù	N	rate of progress
6.	一味	yíwèi	Adv	blindly; purely
7.	加快	jiākuài	V	to accelerate
8.	受伤	shòu//shāng	VO	to get injured
9.	合理	hélǐ	Adj	reasonable
10.	同时	tóngshí	N	at the same time
11.	于是	yúshì	Conj	hence
12.	顿	dùn	M	*a measure word for meals, reprimands, beatings, etc.*
13.	降低	jiàngdī	V	to decrease; to reduce
14.	瑜伽	yújiā	N	yoga
15.	舒适	shūshì	Adj	comfortable
16.	篇	piān	M	*a measure word for essays, etc.*
17.	文章	wénzhāng	N	article; essay
18.	无数	wúshù	Adj	countless

19.	证明	zhèngmíng	V	to prove
20.	增进	zēngjìn	V	to strengthen; to promote

语言点

1. 名词：同时

在健身的同时要特别注意自己的饮食安排。

“同时”，名词，表示动作发生在同一个时间。常用于“在……的同时”格式中，“在”可以省略。例如：

“同时” is a noun, meaning that the actions occur at the same time. It is often used in the phrase “在……的同时”, and “在” can be omitted. For instance:

①你在吃药的同时，也要注意好好儿休息。

②我希望你在提高成绩的同时，也能提高自己的能力。

③我和姐姐差不多同时出生，我们俩是双胞胎。

完成句子

（1）我们在欣赏美丽景色的同时，____________________。

（2）健身在减肥的同时，还能____________________。

（3）我们在图书馆看书的同时，还能____________________。

2. 连词：于是

……，于是就大吃一顿。

“于是”，连词，它引出的分句是前一个分句的结果。例如：

“于是” is a conjunction that starts a clause which is the result of the previous clause. For instance:

①我对游泳特别感兴趣，于是在游泳馆办了一张年卡。

②春天，山上的花都开了，于是吸引了很多游客前来观赏。

③听说这个电影很受欢迎，于是我们提前一个星期就买好了票。

用“于是”完成句子

（1）明天是妈妈的生日，________________。

（2）那件衣服我穿上有点儿肥，________________。

（3）中国北方的冬天很冷，________________。

课堂练习

一、读拼音，写汉字

1. biāozhǔn ________
2. zhèngmíng ________
3. pífū ________
4. zēngjìn ________
5. jiǎnféi ________
6. jiàngdī ________
7. shòushāng ________
8. shūshì ________

二、辨字组词

1. 骆____ 格____
2. 篇____ 第____
3. 机____ 肌____
4. 于____ 干____

三、词语搭配

1. 合理　　a. 压力
2. 过度　　b. 饮食
3. 加快　　c. 疲劳
4. 掌握　　d. 进度
5. 减轻　　e. 方法

四、完成句子或对话

1. A：你太过分了！
   B：请别生气，________________。（开玩笑）
2. 这次旅行时间很紧张，________________。（于是）
3. 经过一段时间的锻炼，________________。（降低）
4. 通过这次合作，________________。（增进）

5. 为了保护海洋资源，＿＿＿＿＿＿＿＿＿＿。（正确）

五、根据课文内容回答问题

1. 根据课文一的内容回答问题。

（1）张萌和米雪在哪儿？

（2）出汗有什么好处？

（3）米雪健身有效果吗？有什么效果？

（4）新手健身需要注意什么？

2. 根据课文二的内容回答问题。

（1）为什么健身的人越来越多？

（2）健身的时候我们应该注意什么？

（3）为什么有的人坚持健身，体重却没有降低？

六、根据课文内容填空

张萌和米雪在健身房运动。张萌找不到她的＿＿＿＿了，米雪把自己的那瓶给了张萌。米雪特别爱＿＿＿＿，衣服都＿＿＿＿了，张萌让米雪用＿＿＿＿擦擦汗。张萌听说出汗对健康有好处，尤其是对＿＿＿＿有好处，还能＿＿＿＿。张萌来健身就是希望能出出汗、＿＿＿＿。米雪告诉张萌，坚持运动除了能减肥，还能提高睡眠＿＿＿＿。因为张萌刚开始健身，＿＿＿＿和腿疼得不得了，早上起床，胳膊都＿＿＿＿不起来。米雪提醒张萌，健身一定要注意不能＿＿＿＿，要找到适合自己的健身方式，健身结束后要记得＿＿＿＿腿、拉一拉＿＿＿＿。

七、任务活动

两位同学一组，互相了解对方的运动习惯。了解的过程中，可以问下面的问题：

1. 你喜欢什么运动？为什么？

2. 你大概多长时间运动一次？

3. 每次运动大概多长时间？

4. 运动以后，你感觉怎么样？

第十一课　我的小狗叫“包子”

课文一

语言点

1. 副词：只好
2. 代词：那样

课文二

语言点

1. 格式：不得不……
2. 副词：也许
3. 格式：从……起

热身话题

1. 你喜欢狗吗？为什么？
2. 你觉得什么样的人适合养狗？

课文一

11-1

（王老师在小区遇到了邻居李阿姨，李阿姨正带着小狗散步）

王老师：李阿姨，您的小狗真可爱！它叫什么名字啊？

李阿姨：叫“包子”。

王老师：为什么叫“包子”？

李阿姨：它很爱吃包子，所以叫“包子”。

王老师：真有意思！“包子”来您家多长时间了？

李阿姨：时间不长。“包子”本来是我儿子养的，可是他是律师，儿媳妇是护士，工作都很忙。去年我的小孙子上学了，儿子和儿媳妇就更忙了，没有时间照顾“包子”，只好送到我这儿。

王老师：您觉得养狗怎么样？

李阿姨：感觉很累，每天要给它做饭、打扫、洗澡，还要陪它散步、聊天儿。

王老师：看来养狗挺辛苦的。

李阿姨：辛苦是辛苦，可是我觉得值得。“包子”很有礼貌，会跟人打招呼，特别可爱。它常帮我拿鞋和袜子，还能听懂我的话，表扬它，它就很得意，批评它，它就很难受。

王老师：真好玩儿！家里养狗，会不会很脏？

李阿姨：“包子”很讲卫生，知道去厕所大小便，还知道把垃圾放到垃圾桶里呢。

王老师：听您这么一说，我也想养狗了。

李阿姨：那太好了，那样“包子”就有朋友了！

(Wáng lǎoshī zài xiǎoqū yùdàole línjū Lǐ āyí, Lǐ āyí zhèng dàizhe xiǎo gǒu sànbù)

Wáng lǎoshī: Lǐ āyí, nín de xiǎo gǒu zhēn kě'ài! Tā jiào shénme míngzi a?

Lǐ āyí: Jiào “bāozi”.

Wáng lǎoshī: Wèi shénme jiào “bāozi”?

Lǐ āyí: Tā hěn ài chī bāozi, suǒyǐ jiào “bāozi”.

Wáng lǎoshī: Zhēn yǒu yìsi! “Bāozi” lái nín jiā duō cháng shíjiān le?

Lǐ āyí: Shíjiān bù cháng. “Bāozi” běnlái shì wǒ érzi yǎng de, kěshì tā shì lǜshī, érxífu shì hùshi, gōngzuò dōu hěn máng. Qùnián wǒ de xiǎo sūnzi shàngxué le, érzi hé érxífu jiù gèng máng le, méiyǒu shíjiān zhàogù “bāozi”, zhǐhǎo sòngdào wǒ zhèr.

Wáng lǎoshī: Nín juéde yǎng gǒu zěnmeyàng?

Lǐ āyí: Gǎnjué hěn lèi, měi tiān yào gěi tā zuòfàn, dǎsǎo, xǐzǎo, hái yào péi tā sànbù, liáotiānr.

Wáng lǎoshī: Kànlái yǎng gǒu tǐng xīnkǔ de.

Lǐ āyí: Xīnkǔ shì xīnkǔ, kěshì wǒ juéde zhídé. “Bāozi” hěn yǒu lǐmào, huì gēn rén dǎ zhāohu, tèbié kě'ài. Tā cháng bāng wǒ ná xié hé wàzi, hái néng tīngdǒng wǒ de huà, biǎoyáng tā, tā jiù hěn déyì, pīpíng tā, tā jiù hěn nánshòu.

Wáng lǎoshī: Zhēn hǎowánr! Jiāli yǎng gǒu, huì bu huì hěn zāng?

Lǐ āyí: “Bāozi” hěn jiǎng wèishēng, zhīdào qù cèsuǒ dà-xiǎobiàn, hái zhīdào bǎ lājī fàngdào lājītǒng li ne.

Wáng lǎoshī: Tīng nín zhème yì shuō, wǒ yě xiǎng yǎng gǒu le.

Lǐ āyí: Nà tài hǎo le, nàyàng “bāozi” jiù yǒu péngyou le!

生词

11-2

1.	包子	bāozi	N	steamed stuffed bun
2.	遇	yù	V	to meet; to come across
3.	散步	sàn//bù	VO	to take a walk
4.	养	yǎng	V	to raise; to keep
5.	律师	lǜshī	N	lawyer
6.	儿媳妇	érxífu	N	daughter-in-law
7.	护士	hùshi	N	nurse
8.	孙子	sūnzi	N	grandson
9.	打扫	dǎsǎo	V	to clean (a room)
10.	洗澡	xǐ//zǎo	VO	to bathe
11.	打招呼	dǎ zhāohu	VP	to say hello
12.	袜子	wàzi	N	socks
13.	表扬	biǎoyáng	V	to praise
14.	得意	déyì	Adj	complacent; proud
15.	批评	pīpíng	V	to criticize
16.	脏	zāng	Adj	dirty
17.	卫生	wèishēng	N/Adj	hygiene; sanitary
18.	厕所	cèsuǒ	N	toilet
19.	大小便	dà-xiǎobiàn		to pee and poop
20.	垃圾桶	lājītǒng	N	trash bin
21.	那样	nàyàng	Pron	in that case

语言点

1. 副词：只好

只好送到我这儿。

“只好”，副词，表示没有别的选择。

“只好” is an adverb that means there is no other choice.

①明天要下雨，运动会只好推迟。

②父母不在家，我只好自己做晚饭了。

③孩子走不快，我们只好慢一点儿。

用“只好”完成句子

（1）生活费快没有了，________________。

（2）我感冒三天了，吃药也没用，________________。

（3）上课的时候，我发现忘带书了，________________。

2. 代词：那样

那样“包子”就有朋友了！

“那样”，指示代词，指示性质、状态、方式、程度等。

“那样” is a demonstrative pronoun referring to the nature, state, manner, degree, etc.

①你也来中国读书吧，那样我们就能经常见面了。

②还是住学校宿舍吧，那样就不用天天担心堵车了。

③我喜欢在网上买东西，那样很省时间，也很省钱。

用“那样”完成句子

（1）晚上咱们点外卖吧，________________。

（2）应该多交几个中国朋友，________________。

（3）锻炼之后不要吃太多东西，________________。

课文二

11-3

狗是人类的朋友，很多人喜欢养狗，可并不是所有人都适合养狗。在决定养狗以前，一定要好好儿考虑自己是否具备养狗的条件。

第一，要考虑你家的环境是否适合养狗。现在，中国城市大多数人都住在楼房里，如果在这种环境里养狗，一定要做到不影响邻居。同时，还要考虑是否有让狗活动的地方，如果地方太小，狗不能活动，会影响它的健康。

第二，要考虑家人是否接受养狗。如果你跟家人一起住，要考虑家人对养狗的态度，他们同意了才可以。如果家人都很反对，你就不得不放弃，否则会因为养狗的问题发生很多不愉快，这也许会严重地影响你与家人的关系。

第三，要考虑是否有时间照顾狗。狗需要照顾，更需要陪伴。从狗到你家的那天起，你每天都要负责给它准备吃的，给它打扫卫生，给它洗澡，陪它“聊天儿”，陪它出去散步，它生病了也要照顾它。如果你没有时间，那狗就得不到好的照顾，就会觉得无聊，这不但会影响狗的健康，也会影响你和狗的感情。

在养狗之前，只要充分地考虑了这些条件，那你就会做出正确的决定。

Gǒu shì rénlèi de péngyou, hěn duō rén xǐhuan yǎng gǒu, kě bìng bú shì suǒyǒu rén dōu shìhé yǎng gǒu. Zài juédìng yǎng gǒu yǐqián, yídìng yào hǎohāor kǎolǜ zìjǐ shìfǒu jùbèi yǎng gǒu de tiáojiàn.

Dì-yī, yào kǎolǜ nǐ jiā de huánjìng shìfǒu shìhé yǎng gǒu. Xiànzài, Zhōngguó chéngshì dàduōshù rén dōu zhù zài lóufáng li, rúguǒ zài zhè zhǒng huánjìng li yǎng gǒu, yídìng yào zuòdào bù yǐngxiǎng línjū. Tóngshí, hái yào kǎolǜ shìfǒu yǒu ràng gǒu huódòng de dìfang, rúguǒ dìfang tài xiǎo, gǒu bù néng huódòng, huì yǐngxiǎng tā de jiànkāng.

Dì-èr, yào kǎolǜ jiārén shìfǒu jiēshòu yǎng gǒu. Rúguǒ nǐ gēn jiārén yìqǐ zhù, yào kǎolǜ jiārén duì yǎng gǒu de tàidù, tāmen tóngyìle cái kěyǐ. Rúguǒ jiārén dōu hěn fǎnduì, nǐ jiù bùdé bú fàngqì, fǒuzé huì yīnwèi yǎng gǒu de wèntí fāshēng hěn duō bù yúkuài, zhè yěxǔ huì yánzhòng de yǐngxiǎng nǐ yǔ jiārén de guānxi.

Dì-sān, yào kǎolǜ shìfǒu yǒu shíjiān zhàogù gǒu. Gǒu xūyào zhàogù, gèng xūyào péibàn. Cóng gǒu dào nǐ jiā de nà tiān qǐ, nǐ měi tiān dōu yào fùzé gěi tā zhǔnbèi chī de, gěi tā dǎsǎo wèishēng, gěi tā xǐzǎo, péi tā "liáotiānr", péi tā chūqu sànbù, tā shēngbìngle yě yào zhàogù tā. Rúguǒ nǐ méiyǒu shíjiān, nà gǒu jiù dé bu dào hǎo de zhàogù, jiù huì juéde wúliáo, zhè búdàn huì yǐngxiǎng gǒu de jiànkāng, yě huì yǐngxiǎng nǐ hé gǒu de gǎnqíng.

Zài yǎng gǒu zhīqián, zhǐyào chōngfèn de kǎolǜle zhèxiē tiáojiàn, nà nǐ jiù huì zuòchū zhèngquè de juédìng.

生词

11-4

1.	具备	jùbèi	V	to have; to possess
2.	反对	fǎnduì	V	to oppose
3.	愉快	yúkuài	Adj	pleasant
4.	也许	yěxǔ	Adv	perhaps
5.	陪伴	péibàn	V	to keep (sb.) company
6.	负责	fùzé	V	to be responsible for
7.	无聊	wúliáo	Adj	bored
8.	之前	zhīqián	N	before

语言点

1. 格式：不得不……

你就不得不放弃。

"不得不"后面常常跟动词，表示只能这样做，没有别的办法。

"不得不" is often followed by a verb, meaning that one has no choice but to do something.

①我本来想去图书馆学习，可是图书馆没有空位了，我不得不回宿舍。

②公司附近的房子都很贵，我不得不去郊区买房。

③新买的手机不小心摔坏了，妈妈不得不再买一个。

用“不得不”完成句子

（1）这次 HSK 考试没通过，我______________。

（2）最近工作特别多，我和很多同事______________。

（3）原来那家公司的老板很好，可是工资太低了，我______________。

2. 副词：也许

这也许会严重地影响你与家人的关系。

“也许”，副词，表示猜测或不肯定。

“也许” is an adverb indicating conjecture or uncertainty.

①阴天了，也许要下雨。

②吃点儿药吧，也许就不疼了。

③很长时间没见大卫了，也许他已经回国了。

用“也许”完成句子

（1）咱们回家吧，妈妈______________。

（2）快点儿买房子吧，以后______________。

（3）我给哥哥打了很多电话他都没接，______________。

3. 格式：从……起

从狗到你家的那天起。

“从……起”表示时间的起点，有“从……开始”的意思，一般用在句首。

“从……起” refers to the time when something begins, and means “starting from...”. It is generally used at the beginning of a sentence.

①从下午三点起，雨一直在下。

②从下周起，我们去 303 教室上课。

③从开始学汉语起，我就特别重视练习口语。

用“从……起”改写句子

（1）从今年开始，我每个月要存两千块钱。

______________________________。

（2）从孩子出生的第一天开始，妈妈每天晚上只能睡不到六个小时。

______________________________。

（3）从来到中国的第一天开始，我就喜欢上了中国菜。

______________________________。

课堂练习

一、读拼音，写汉字

1. biǎoyáng ________
2. cèsuǒ ________
3. fǎnduì ________
4. fùzé ________
5. hùshi ________
6. lǜshī ________
7. xǐzǎo ________
8. pīpíng ________
9. sànbù ________
10. sūnzi ________

二、辨字组词

1. 场____ 扬____
2. 负____ 色____
3. 律____ 伟____
4. 末____ 袜____

三、词语搭配

1. 反对　　　　a. 房间
2. 陪伴　　　　b. 能力
3. 打扫　　　　c. 家人
4. 影响　　　　d. 意见
5. 具备　　　　e. 健康

四、完成句子或对话

1. ____________________，可是钱不够。（本来）

2. 今天老师没来上课，________________。（也许）

3. 今天宿舍停电停水，________________。（不得不）

4. A：你什么时候开始学习汉语的？

B：________________。（从……起）

5. A：我们在网上买火车票吧。

B：________________。（那样）

五、根据课文内容回答问题

1. 根据课文一的内容回答问题。

（1）李阿姨的小狗为什么叫“包子”？

（2）李阿姨每天要为“包子”做哪些事？

（3）“包子”会做哪些事？

2. 根据课文二的内容回答问题。

（1）住在楼房里的人养狗需要考虑哪些问题？

（2）如果家人反对养狗，你应该怎么办？为什么？

（3）如果养狗，你需要在哪些方面照顾它？

六、根据课文内容填空

李阿姨家有一只小狗，叫“______”。小狗______是李阿姨的儿子养的，可是他是______，他爱人是______，工作都很忙，没有时间______小狗，只好送给李阿姨。从小狗来到李阿姨家开始，李阿姨每天都要给它做饭、打扫、洗澡，还要______它散步、聊天儿。照顾小狗很辛苦，可是李阿姨觉得值得。因为小狗很有______，会跟人打______；也很可爱，______它，就很得意，______它，就很难受；还很讲______，知道去厕所大小便，知道把垃圾放到______里。李阿姨非常喜欢这只小狗。

七、任务活动

学生宿舍能养狗吗？有的人赞成，有的人反对。赞成的同学一组，反对的同学一组，分别讨论赞成或反对的理由（每组最少 4 条理由），讨论结束后向全班汇报。

第十二课 “长得好”和“长得快”

课文一

语言点

1. 副词 / 形容词：实在
2. 名词：其中

课文二

语言点

1. 形容词 / 副词：共同
2. 词尾：性

热身话题

1. 你觉得现在生活的地方环境怎么样？
2. 你喜欢什么样的生活环境？

课文一

12-1

（下课以后，王老师和李白聊天儿）

李　白：王老师，我看了您发的朋友圈，周末您和孩子去郊区了？照片实在是太漂亮了！

王老师：对，上个礼拜天是植树节，我参加了女儿学校的植树活动。

李　白：我们国家有植树日，我也种过树。来中国后，还没种过。

王老师：我参加过很多次种树活动，但这是第一次带孩子去种树。孩子边学边种，种得很慢，我们俩就种了两棵。不过，我觉得数量不是最重要的，重要的是让孩子知道每个人都有保护环境的责任和能力。

李　白：您女儿喜欢种树吗？她那么小，力气也小，觉得很累吧？

王老师：累是累，可是她很喜欢。种完以后她非常兴奋，给树取了名字，其中一棵叫"长得好"，另一棵叫"长得快"，还做了两张漂亮的小卡片挂在树上。而且，现在天气暖和了，到处都是绿叶红花，环境很美，她和同学们在郊区玩儿得也很开心。回来以后，还写了一篇很有意思的日记。

李　白：太有意思了！王老师，我们班也一起去郊区种树吧。

王老师：好主意！要是天气好，这个礼拜六就可以去。

李　白：太好了！我已经为我的小树取好名字了，就叫“长得美”！

(Xiàkè yǐhòu, Wáng lǎoshī hé Lǐ Bái liáotiānr)

Lǐ Bái: Wáng lǎoshī, wǒ kànle nín fā de péngyouquān, zhōumò nín hé háizi qù jiāoqū le? Zhàopiàn shízài shì tài piàoliang le!

Wáng lǎoshī: Duì, shàng gè lǐbàitiān shì Zhíshù Jié, wǒ cānjiāle nǚ'ér xuéxiào de zhíshù huódòng.

Lǐ Bái: Wǒmen guójiā yǒu Zhíshù Rì, wǒ yě zhòngguo shù. Lái Zhōngguó hòu, hái méi zhòngguo.

Wáng lǎoshī: Wǒ cānjiāguo hěn duō cì zhòng shù huódòng, dàn zhè shì dì-yī cì dài háizi qù zhòng shù. Háizi biān xué biān zhòng, zhòng de hěn màn, wǒmen liǎ jiù zhòngle liǎng kē. Búguò, wǒ juéde shùliàng bú shì zuì zhòngyào de, zhòngyào de shì ràng háizi zhīdào měi gè rén dōu yǒu bǎohù huánjìng de zérèn hé nénglì.

Lǐ Bái: Nín nǚ'ér xǐhuan zhòng shù ma? Tā nàme xiǎo, lìqi yě xiǎo, juéde hěn lèi ba?

Wáng lǎoshī: Lèi shì lèi, kěshì tā hěn xǐhuan. Zhòngwán yǐhòu tā fēicháng xīngfèn, gěi shù qǔle míngzi, qízhōng yì kē jiào "zhǎng de hǎo", lìng yì kē jiào "zhǎng de kuài", hái zuòle liǎng zhāng piàoliang de xiǎo kǎpiàn guà zài shù shang. Érqiě, xiànzài tiānqì nuǎnhuo le, dàochù dōu shì lǜ yè hóng huā, huánjìng hěn měi, tā hé tóngxuémen zài jiāoqū wánr de yě hěn kāixīn. Huílai yǐhòu, hái xiěle yì piān hěn yǒu yìsi de rìjì.

Lǐ Bái: Tài yǒu yìsi le! Wáng lǎoshī, wǒmen bān yě yìqǐ qù jiāoqū zhòng shù ba.

Wáng lǎoshī: Hǎo zhúyi! Yàoshi tiānqì hǎo, zhège lǐbàiliù jiù kěyǐ qù.

Lǐ Bái: Tài hǎo le, wǒ yǐjīng wèi wǒ de xiǎo shù qǔhǎo míngzi le, jiù jiào "zhǎng de měi"!

生词

12-2

1.	朋友圈	péngyouquān		WeChat Moments
	圈	quān	N	circle
2.	实在	shízài	Adv/Adj	indeed; honest
3.	礼拜天	lǐbàitiān	N	Sunday
4.	俩	liǎ	Q	two
5.	兴奋	xīngfèn	Adj	excited
6.	其中	qízhōng	N	among (which, them, etc.)
7.	卡片	kǎpiàn	N	card
8.	挂	guà	V	to hang
9.	暖和	nuǎnhuo	Adj	(of weather or environment) warm
10.	日记	rìjì	N	diary
11.	礼拜六	lǐbàiliù	N	Saturday

语言点

1. 副词 / 形容词：实在

照片实在是太漂亮了！

"实在"可以做副词，表示的确、真的。

"实在" can be used as an adverb, meaning "indeed; truly".

①我用手机里的免费记账软件记录每天的收入和支出，实在是太方便了！

②哥哥最近工作特别忙，每天晚上都要熬夜，实在是很辛苦。

③如果觉得压力太大，实在受不了，一定要及时寻求家人或朋友的帮助。

"实在"也可以做形容词，表示真实、不虚假的意思。

"实在" can also be used as an adjective, meaning "true; not false".

④这条牛仔裤质量很好，才 100 多块，价格很实在。

⑤同屋是一个实在人，从来不说谎。

⑥做人就是要实实在在的。

用"实在"完成句子

（1）3 个人吃一顿午饭花了 1000 多块钱，________________！

（2）昨天，哈尔滨的气温是零下 20 多度，________________！

（3）这家饭店真不错，味道很好，价格________________。

2. 名词：其中

其中一棵叫"长得好"。

"其中"，名词，表示处所、范围，意思是"那里面"。

"其中" is a noun that indicates location or scope. It means "among; inside".

①我们公司一共有 25 位职员，其中 5 位是今年新来的。

②昨天的语法考试非常难，其中很多内容，我们都没有学过。

③同屋每天晚上都一边听音乐一边看书，乐在其中。

用"其中"完成句子

（1）我们家书橱里摆满了书，________________。

（2）中国有 56 个民族，________________。

（3）面试前一定要做好充分的准备，________________。

课文二

12-3

无论是人、动物还是植物，所有的生命都离不开地球上的水和空气。随着人口的增加和现代工业的快速发展，人们的生活水平越来越高，可是环境问题却越来越多。天没有以前蓝了，水没有以前清了，森林减少了，气候变暖了，空气污染也越来越严重，给人的健康和社会的发展带来了很多问题，也破坏了动物和植物共同的家，让地球变成了一个危险的地方。

地球是我们共同的家，我们每个人都要保护她。现在，很多国家都越来越重视环境保护，越来越多的人认识到了环保的重要性。保护环境的方法有很多：在生活中，不乱扔垃圾，对垃圾进行严格分类；节约用水；少开车；少使用塑料袋；少使用一次性筷子；用打印机和复印机的时候，最好每张纸都双面使用；夏天使用空调的时候，温度不要太低，最好在 25 度左右；等等。这些都是保护环境的好办法。

保护环境，每个人都有责任。相信通过我们大家的共同努力，天会越来越蓝，水会越来越清，地球母亲会越来越美丽。

Wúlùn shì rén, dòngwù háishi zhíwù, suǒyǒu de shēngmìng dōu lí bu kāi dìqiú shang de shuǐ hé kōngqì. Suízhe rénkǒu de zēngjiā hé xiàndài gōngyè de kuàisù fāzhǎn, rénmen de shēnghuó shuǐpíng yuèláiyuè gāo, kěshì huánjìng wèntí què yuèláiyuè duō. Tiān méiyǒu yǐqián lán le, shuǐ méiyǒu yǐqián qīng le, sēnlín jiǎnshǎo le, qìhòu biànnuǎn le, kōngqì wūrǎn yě yuèláiyuè yánzhòng, gěi rén de jiànkāng hé shèhuì de fāzhǎn dàiláile hěn duō wèntí, yě pòhuàile dòngwù hé zhíwù gòngtóng de jiā, ràng dìqiú biànchéngle yí gè wēixiǎn de dìfang.

Dìqiú shì wǒmen gòngtóng de jiā, wǒmen měi gè rén dōu yào bǎohù tā. Xiànzài, hěn duō guójiā dōu yuèláiyuè zhòngshì huánjìng bǎohù, yuèláiyuè duō de rén rènshi dàole huánbǎo de zhòngyàoxìng. Bǎohù huánjìng de fāngfǎ yǒu hěn duō: zài shēnghuó zhōng, bú luàn rēng lājī, duì lājī jìnxíng yángé fēnlèi; jiéyuē yòng shuǐ; shǎo kāichē; shǎo shǐyòng sùliàodài; shǎo shǐyòng yícìxìng kuàizi; yòng dǎyìnjī hé fùyìnjī de shíhou, zuìhǎo měi zhāng zhǐ dōu shuāng miàn shǐyòng; xiàtiān shǐyòng kōngtiáo de shíhou, wēndù búyào tài dī, zuìhǎo zài 25 dù zuǒyòu; děngděng. Zhèxiē dōu shì bǎohù huánjìng de hǎo bànfǎ.

Bǎohù huánjìng, měi gè rén dōu yǒu zérèn. Xiāngxìn tōngguò wǒmen dàjiā de gòngtóng nǔlì, tiān huì yuèláiyuè lán, shuǐ huì yuèláiyuè qīng, dìqiú mǔqīn huì yuèláiyuè měilì.

生词

12-4

1.	动物	dòngwù	N	animal
2.	植物	zhíwù	N	plant
3.	生命	shēngmìng	N	life
4.	人口	rénkǒu	N	population
5.	现代	xiàndài	N/Adj	modern times; modern
6.	工业	gōngyè	N	industry
7.	暖	nuǎn	Adj	warm
8.	共同	gòngtóng	Adj/Adv	common; together
9.	危险	wēixiǎn	Adj	dangerous
10.	性	xìng	Suf	*a suffix showing the nature or quality of sth.*
11.	扔	rēng	V	to throw
12.	严格	yángé	Adj	strict
13.	分类	fēn//lèi	VO	to classify
14.	节约	jiéyuē	V	to save; to economize
15.	塑料袋	sùliàodài	N	plastic bag
16.	打印	dǎyìn	V	to print
17.	复印	fùyìn	V	to photocopy
18.	母亲	mǔqīn	N	mother

语言点

1. 形容词 / 副词：共同

也破坏了动物和植物共同的家。
相信通过我们大家的共同努力。

“共同”，形容词，表示属于大家的、大家都具有的。

“共同”, an adjective, describes something belonging to everyone or common in everyone.

①“六一”是全世界孩子们共同的节日。

②爸爸和妈妈有一个共同的爱好，那就是每天去健身房锻炼身体。

③这套房子是我们结婚后买的，属于夫妻共同财产。

“共同”还可以做副词，表示大家一起做。

“共同” can also be used as an adverb, meaning that everyone does something together.

④孩子需要学校和家庭共同培养。

⑤很多任务都是我和同事们共同完成的。

⑥经过大家的共同努力，我们班在这次运动会中取得了冠军。

用“共同”改写句子

（1）通过 HSK 考试是我们每个同学的目标。

______________________________。

（2）我和弟弟的理想都是当一名画家。

______________________________。

（3）爷爷和奶奶在一起生活 70 年了。

______________________________。

2. 词尾：性

越来越多的人认识到了环保的重要性。

“性”，词尾，加在名词、动词或形容词等的后面构成抽象名词或属性词，表示事物的某种性质或性能。

“性” is as a suffix used after a noun, verb, adjective, etc. to form an abstract noun or attributive word. It indicates a certain nature or property of something.

①这项工作有一定的技术性。

②我建议不要使用一次性筷子。

③教育应该培养孩子的创造性。

④越来越多的人认识到了垃圾分类的重要性。

选词填空

可能性　　普遍性　　计划性　　科学性

（1）减肥方法要有________，否则对健康不利。

（2）年轻人的工作压力大，这是个具有________的问题。

（3）爸爸的________很强，总是能合理地安排好各种工作。

（4）哥哥有工作经验，通过面试的________很大。

课堂练习

一、读拼音，写汉字

1. shízài ________
2. gòngtóng ________
3. zhíwù ________
4. qízhōng ________
5. yángé ________
6. shēngmìng ________
7. xīngfèn ________
8. wēixiǎn ________

二、辨字组词

1. 环____ 坏____
2. 险____ 检____
3. 保____ 休____
4. 目____ 且____

三、词语搭配

1. 保护　　a. 活动
2. 参加　　b. 环境
3. 浪费　　c. 分类
4. 快速　　d. 生命
5. 严格　　e. 发展

四、完成句子或对话

1. ________________，早上堵车越来越严重了。（随着）

2. 最近，几乎每天都有考试，________________。（实在）

3. 同屋的衣橱里挂满了衣服，________________。（其中）

4. 我们俩之所以能成为最好的朋友，是因为________________。（共同）

5. A：听说你搬到外面去住了，怎么样呀？

B：＿＿＿＿＿＿＿＿＿＿＿＿＿＿＿。（不过）

五、根据课文内容回答问题

1. 根据课文一的内容回答问题。

（1）周末王老师做了什么？

（2）种完树以后，王老师的女儿做了什么？

（3）李白的班级打算什么时候去种树？

2. 根据课文二的内容回答问题。

（1）环境问题越来越多的原因是什么？

（2）我们为什么要保护地球？

（3）保护环境的方法有哪些？

六、根据课文内容填空

王老师周末去＿＿＿植树了，她是＿＿＿孩子一起去的，孩子＿＿＿学＿＿＿种，她们就种了两＿＿＿，孩子还给树＿＿＿了名字，种完树后孩子非常＿＿＿。王老师觉得＿＿＿不是最重要的，＿＿＿的是让孩子知道每个人都有＿＿＿环境的＿＿＿和能力。李白觉得种树很＿＿＿，他想跟老师、同学们一起去种树，＿＿＿天气好的话，他们这个周末＿＿＿去。

七、任务活动

请同学们分组设计以“环保”为主题的活动通知海报，需要包含以下几点信息：

1. 举办活动的原因；
2. 活动内容介绍；
3. 活动的要求；
4. 举办活动的时间；
5. 举办活动的地点。

第十三课　在中国的学习和生活

课文一

语言点

1. 比一比："刚""刚刚"和"刚才"
2. 副词：至少

课文二

语言点

格式：连……也/都……

热身话题

1. 你毕业后有什么打算？
2. 在学校里，除了学习，你还参加了什么活动？

课文一

13-1

（李白打电话问申请硕士研究生的事情）

李　白：您好，请问是研究生办公室吗？我找张老师。

张老师：你好，我就是，有什么可以帮你的？

李　白：我是留学生，想问一下，能不能申请你们学校法律专业张教授的硕士研究生？

张老师：你大学读的是什么专业，汉语水平怎么样？

李　白：我大学读的是经济学，明年夏天就毕业了。我现在在中国学习汉语，刚刚通过了HSK四级。

张老师：我们的申请条件已经在网上公布了，不过对汉语水平的要求比较高，至少要通过HSK五级。还有差不多一年时间，你现在准备还来得及。

李　白：那怎么申请呢？

张老师：直接在网上申请，学校网站上有详细的申请条件、步骤和要求等，你可以看看。

李　白：能网上申请就太方便了。还有，如果我想要奖学金的话，应该怎么申请？

张老师：网站上有各类奖学金项目的申请信息，你可以仔细阅读一下，看看自己适合申请哪种奖学金。

李　白：好的，您提供的信息对我非常有帮助，太感谢了！

张老师：不客气，以后如果还有不清楚的问题，可以再和我联系。

李　白：谢谢您！再见！

张老师：再见！

(Lǐ Bái dǎ diànhuà wèn shēnqǐng shuòshì yánjiūshēng de shìqing)

Lǐ Bái: Nín hǎo, qǐngwèn shì yánjiūshēng bàngōngshì ma? Wǒ zhǎo Zhāng lǎoshī.

Zhāng lǎoshī: Nǐ hǎo, wǒ jiù shì, yǒu shénme kěyǐ bāng nǐ de?

Lǐ Bái: Wǒ shì liúxuéshēng, xiǎng wèn yíxià, néng bu néng shēnqǐng nǐmen xuéxiào fǎlǜ zhuānyè Zhāng jiàoshòu de shuòshì yánjiūshēng?

Zhāng lǎoshī: Nǐ dàxué dú de shì shénme zhuānyè, Hànyǔ shuǐpíng zěnmeyàng?

Lǐ Bái: Wǒ dàxué dú de shì jīngjìxué, míngnián xiàtiān jiù bìyè le. Wǒ xiànzài zài Zhōngguó xuéxí Hànyǔ, gānggāng tōngguòle HSK sì jí.

Zhāng lǎoshī: Wǒmen de shēnqǐng tiáojiàn yǐjīng zài wǎng shang gōngbù le, búguò duì Hànyǔ shuǐpíng de yāoqiú bǐjiào gāo, zhìshǎo yào tōngguò HSK wǔ jí. Hái yǒu chàbuduō yì nián shíjiān, nǐ xiànzài zhǔnbèi hái láidejí.

Lǐ Bái: Nà zěnme shēnqǐng ne?

Zhāng lǎoshī: Zhíjiē zài wǎng shang shēnqǐng, xuéxiào wǎngzhàn shang yǒu xiángxì de shēnqǐng tiáojiàn, bùzhòu hé yāoqiú děng, nǐ kěyǐ kànkan.

Lǐ Bái: Néng wǎng shang shēnqǐng jiù tài fāngbiàn le. Hái yǒu, rúguǒ wǒ xiǎng yào jiǎngxuéjīn dehuà, yīnggāi zěnme shēnqǐng?

Zhāng lǎoshī: Wǎngzhàn shang yǒu gè lèi jiǎngxuéjīn xiàngmù de shēnqǐng xìnxī, nǐ kěyǐ zǐxì yuèdú yíxià, kànkan zìjǐ shìhé shēnqǐng nǎ zhǒng jiǎngxuéjīn.

Lǐ Bái: Hǎo de, nín tígōng de xìnxī duì wǒ fēicháng yǒu bāngzhù, tài gǎnxiè le!

Zhāng lǎoshī: Bú kèqi, yǐhòu rúguǒ hái yǒu bù qīngchu de wèntí, kěyǐ zài hé wǒ liánxì.

Lǐ Bái: Xièxie nín! Zàijiàn!

Zhāng lǎoshī: Zàijiàn!

生词 13-2

1.	法律	fǎlǜ	N	law
2.	教授	jiàoshòu	N	professor
3.	经济学	jīngjìxué	N	economics
4.	刚刚	gānggāng	Adv	recently
5.	级	jí	M	level
6.	公布	gōngbù	V	to announce
7.	至少	zhìshǎo	Adv	at least
8.	详细	xiángxì	Adj	detailed
9.	步骤	bùzhòu	N	step; procedure
10.	类	lèi	M	kind; category
11.	项目	xiàngmù	N	project
12.	仔细	zǐxì	Adj	careful
13.	阅读	yuèdú	V	to read

语言点

1. 比一比："刚""刚刚"和"刚才"

"刚"和"刚刚"都是副词，常用在动词的前面，一般可以互换。有四个常用意思：

Both "刚" and "刚刚" are adverbs mostly placed in front of verbs. They are generally interchangeable. They have four common meanings:

（1）恰好。

Exactly

①这件衣服的大小刚 / 刚刚合适。

（2）表示勉强达到某种程度；仅仅。

Barely reaching a certain degree; only

②这次考试我刚 / 刚刚及格。

（3）表示行动或情况发生在不久以前。

Indicating that the action or situation occurred not long ago

③你来的时候我刚 / 刚刚做完作业。

（4）表示两件事紧挨着，后面常用“就”呼应。

Indicating that two things are next to each other, and often followed by “就”

④我刚 / 刚刚出门就下雨了。

“刚才”是时间名词，表示刚过去不久的时间。可以用在主语之前，也可以用在主谓语之间。

“刚才” is a temporal noun, meaning “just now”. It can be used either before the subject or between the subject and the predicate.

⑤刚才我去找你了，你不在。

⑥我刚才在看电视，没听见你的电话。

“刚才”用在谓语动词前时容易与“刚”“刚刚”发生混淆，请留意它们意思上的细微不同。

As “刚才” can easily be confused with “刚” and “刚刚” when used in front of a predicate verb, we need to pay attention to the subtle differences in their meanings.

⑦我刚才在做作业。

⑧我刚 / 刚刚做完作业。

例⑦中的“刚才”表示“做作业”这个动作发生的时间；例⑧中的“刚 / 刚刚”表示“做完作业”这个动作发生在不久以前。

In example ⑦, “刚才” refers to the time when the action of “做作业” (doing homework) occurred; in example ⑧, “刚/刚刚” implies that the action of “做完作业” (finishing homework) happened not long ago.

选词填空

刚 / 刚刚　　刚才

（1）我________去书店买了一本关于经济学的书。

（2）大卫________到家，就又被老板叫走了。

（3）我________在图书馆遇到了大学时候的老师。

（4）这条裙子妈妈穿着不大不小，________合适。

2. 副词：至少

至少要通过 HSK 五级。

"至少"，副词，表示最低的限度。例如：

"至少" is an adverb that means the lowest limit. For instance:

①这本书至少 80 块钱。

②大家做完题以后，至少要检查两遍才能交卷儿。

③说话的时候要说清楚，至少让别人能听懂你的意思。

④至少先了解孩子需要什么，听听他们的意见。

用"至少"完成句子

（1）从学校到超市，走路________________。（20 分钟）

（2）他满头白发，看起来________________。（50 岁）

（3）这家公司招聘员工很看重工作经验，________________。（两年）

（4）早餐已经准备好了，你________________。（喝杯牛奶；上班）

课文二

13-3

李老师：

您好！

好久没给您写信了，您一切都好吧？最近我学习非常紧张，从星期一到星期五，每天都有新课。我每天都早起，预习一天要学的生词和语法，晚上复习，每个星期日再总结一下一个星期学的内容。这样虽然很累，可是我的汉语进步得很快，上个星期我通过了 HSK 四级，连中国朋友都说我的普通话说得越来越地道了。虽然取得了一点儿成绩，但是我不会骄傲，因为我还有更高的目标。我希望能听懂中国的电视剧和电影，能读懂中文报纸和小说，能看懂景点的中文介绍。我还打算在中国读法律专业的研究生，将来当一名律师。

除了学习，我还有丰富多彩的课外生活。同学们来自世界各地，一起交流各国文化，很有意思。最近我跟朋友去北京玩儿了，我们游览了长城，还去茶馆喝了茶，了解了很多关于茶叶、茶杯的知识，我终于明白了为什么说喝茶既是普通生活，又是艺术。时间过得真快，快放暑假了，我计划坐船去游览中国最长的河——长江。

在这里还剩下不到半年时间了，我会加倍努力，真希望下次见面，能和您用汉语流利地聊天儿。

祝您身体健康，工作顺利！

您的学生：李白

5月1日

Lǐ lǎoshī:

Nín hǎo!

Hǎojiǔ méi gěi nín xiě xìn le, nín yíqiè dōu hǎo ba? Zuìjìn wǒ xuéxí fēicháng jǐnzhāng, cóng xīngqīyī dào xīngqīwǔ, měi tiān dōu yǒu xīn kè. Wǒ měi tiān dōu zǎo qǐ, yùxí yì tiān yào xué de shēngcí hé yǔfǎ, wǎnshang fùxí, měi gè xīngqīrì zài zǒngjié yíxià yí gè xīngqī xué de nèiróng. Zhèyàng suīrán hěn lèi, kěshì wǒ de Hànyǔ jìnbù de hěn kuài, shàng gè xīngqī wǒ tōngguòle HSK sì jí, lián Zhōngguó péngyou dōu shuō wǒ de pǔtōnghuà shuō de yuèláiyuè dìdao le. Suīrán qǔdéle yìdiǎnr chéngjì, dànshì wǒ bú huì jiāo'ào, yīnwèi wǒ hái yǒu gèng gāo de mùbiāo. Wǒ xīwàng néng tīngdǒng Zhōngguó de diànshìjù hé diànyǐng, néng dúdǒng Zhōngwén bàozhǐ hé xiǎoshuō, néng kàndǒng jǐngdiǎn de Zhōngwén jièshào. Wǒ hái dǎsuàn zài Zhōngguó dú fǎlǜ zhuānyè de yánjiūshēng, jiānglái dāng yì míng lǜshī.

Chúle xuéxí, wǒ hái yǒu fēngfù-duōcǎi de kèwài shēnghuó. Tóngxuémen láizì shìjiè gè dì, yìqǐ jiāoliú gè guó wénhuà, hěn yǒu yìsi. Zuìjìn wǒ gēn péngyou qù Běijīng wánr le, wǒmen yóulǎnle Chángchéng, hái qù cháguǎn hēle chá, liǎojiěle hěn duō guānyú cháyè, chábēi de zhīshi, wǒ zhōngyú míngbaile wèi shénme shuō hē chá jì shì pǔtōng shēnghuó, yòu shì yìshù. Shíjiān guò de zhēn kuài, kuài fàng shǔjià le, wǒ jìhuà zuò chuán qù yóulǎn Zhōngguó zuì cháng de hé——Cháng Jiāng.

Zài zhèlǐ hái shèngxia bú dào bàn nián shíjiān le, wǒ huì jiābèi nǔlì, zhēn xīwàng xià cì jiànmiàn, néng hé nín yòng Hànyǔ liúlì de liáotiānr.

Zhù nín shēntǐ jiànkāng, gōngzuò shùnlì!

Nín de xuéshēng: Lǐ Bái

5 yuè 1 rì

生词

13-4

1.	预习	yùxí	V	to prepare for (the lesson)
2.	内容	nèiróng	N	content
3.	普通话	pǔtōnghuà	N	Mandarin
4.	地道	dìdao	Adj	native; authentic
5.	取得	qǔdé	V	to obtain
6.	骄傲	jiāo'ào	Adj	proud; conceited
7.	目标	mùbiāo	N	goal; objective
8.	电视剧	diànshìjù	N	TV drama
9.	报纸	bàozhǐ	N	newspaper
10.	景点	jǐngdiǎn	N	scenic spot
11.	丰富多彩	fēngfù-duōcǎi		colorful; varied
12.	游览	yóulǎn	V	to visit (a place); to do some sightseeing
13.	茶叶	cháyè	N	tea leaf
14.	船	chuán	N	boat; ship
15.	河	hé	N	river

16. 剩	shèng	V	to be left; to remain
17. 加倍	jiābèi	Adv	twice as much; much more
特例词			
长江	Cháng Jiāng	PN	the Yangtze River

语言点

格式：连……也 / 都……

连中国朋友都说我的普通话说得越来越地道了。

“连……也 / 都……”表示强调，强调的是最极端的情况，通过强调最不可能事情的发生，来说明事物或行为的程度高或出乎意料。例如：

“连……也/都……” is used to emphasize the most extreme situations. By stressing the occurrence of the most unlikely cases, it implies that something or a certain behavior has a high degree or goes beyond expectation. For instance:

①小王一点儿也不努力，连考试前也不好好儿复习。

②这个字太难了，连中国人都不认识。

③这个汉字太简单了，连刚学汉语的留学生都认识。

④小李特别努力，连星期天都去图书馆看书学习。

⑤他忙得连吃饭的时间都没有了。

用“连……也 / 都……”回答问题

（1）A：大卫去过很多地方旅行，是吗？

B：________________。（北极；去过）

（2）A：他今天特别累，是吗？

B：________________。（饭；没吃）

（3）A：只有留学生听不懂京剧，对吗？

B：京剧的台词比较难，________________。（中国人；听不懂）

（4）A：李白的汉语说得很地道，对吗？

B：是的，________________。（中国人；觉得很地道）

课堂练习

一、读拼音，写汉字

1. fǎlǜ ________
2. nèiróng ________
3. gōngbù ________
4. zhìshǎo ________
5. zǐxì ________
6. dìdao ________
7. qǔdé ________
8. jiāo'ào ________
9. yóulǎn ________
10. jiābèi ________

二、辨字组词

1. 详____ 洋____
2. 项____ 页____
3. 内____ 肉____
4. 剩____ 乘____

三、词语搭配

1. 游览　　a. 努力
2. 公布　　b. 长城
3. 加倍　　c. 成绩
4. 预习　　d. 课文
5. 取得　　e. 胜利

四、完成句子或对话

1. 我知道你很忙，可是你都两个月没回家了，________________。（至少）

2. A：你看到王老师去哪儿了吗？我有急事找他。

   B：________________。（刚刚）

3. ________________（取得），大家都很高兴。

4. 放假的时候，我打算________________。（游览）

5. 大卫紧张得________________。（连……也/都……）

五、根据课文内容回答问题

1. 根据课文一的内容回答问题。

（1）李白想申请什么专业的研究生？

（2）李白的汉语水平怎么样？

（3）李白应该怎么申请研究生？

（4）在哪里可以找到有关奖学金的信息？

2. 根据课文二的内容回答问题。

（1）李白在中国是怎么学习的？

（2）李白的更高目标是什么？

（3）李白的课外生活过得怎么样？

（4）李白暑假打算做什么？

六、根据课文内容填空

李白想要申请______专业张教授的硕士研究生，他大学读的是______，明年夏天就______了。虽然他已经通过了 HSK 四______，可是申请研究生______要 HSK 五______，老师告诉他现在准备还______。学校已经在网上______了申请条件、______和要求等，还有各______奖学金______的申请信息。

七、任务活动

两位同学一组，互相了解对方的学习情况。了解的过程中，可以问下面的问题：

1. 你现在主要的学习任务是什么？
2. 在学习汉语的过程中，你遇到过哪些困难？
3. 平时除了学习，你还有哪些活动？
4. 汉语学习结束后，你有什么打算？

第十四课　民以食为天

课文一

语言点

比一比："全部"和"全"

课文二

语言点

1. 格式：为……所……
2. 介词：至于

热身话题

1. 你喜欢吃哪些中国菜？
2. 你觉得中国菜的特点是什么？

课文一

14-1

（今天是米雪的生日，米雪请大家来家里做客）

米　雪：都六点多了，李白怎么还没到，给他打个电话吧。大家饿了的话，就先吃点儿饼干吧。

马小军：我的肚子早就空空的了，我得吃点儿饼干。

张　萌：他的电话占线，打不通，估计快到了。

马小军：他下午有个约会，估计结束得晚，咱们再等等吧。

张　萌：打通了，李白说已经到附近的加油站了，大概十分钟就能到这儿。

（二十分钟以后，李白到了）

李　白：不好意思，下雪天堵车严重，让你们久等了。米雪，你们家真暖和啊！

米　雪：快把羽绒服脱下来放在沙发上吧。外边太冷了，你先喝杯热水吧。大家喝水还是喝果汁？

（大家来到饭桌旁）

李　白：这么多菜，真香啊！都是你们做的吗？

张　萌：全部都是我们做的，看看做得怎么样？

李　白：麻婆豆腐，是辣的；西红柿炒鸡蛋，是甜的；京酱肉丝，是咸的；酸辣土豆丝，又酸又辣。你们太厉害了，酸甜苦辣咸全都有了！再看看颜色，有红的，有绿的，有白的，还有黄的，真是色香味俱全！

米　雪：别光看了，大家都饿了，快点儿开始吃吧！

张　萌：好好好，咱们先干一杯，祝米雪生日快乐！

所有人：干杯！

(Jīntiān shì Mǐ Xuě de shēngrì, Mǐ Xuě qǐng dàjiā lái jiāli zuòkè)

Mǐ Xuě: Dōu liù diǎn duō le, Lǐ Bái zěnme hái méi dào, gěi tā dǎ gè diànhuà ba. Dàjiā èle dehuà, jiù xiān chī diǎnr bǐnggān ba.

Mǎ Xiǎojūn: Wǒ de dùzi zǎo jiù kōngkōng de le, wǒ děi chī diǎnr bǐnggān.

Zhāng Méng: Tā de diànhuà zhànxiàn, dǎ bu tōng, gūjì kuài dào le.

Mǎ Xiǎojūn: Tā xiàwǔ yǒu gè yuēhuì, gūjì jiéshù de wǎn, zánmen zài děngdeng ba.

Zhāng Méng: Dǎtōng le, Lǐ Bái shuō yǐjīng dào fùjìn de jiāyóuzhàn le, dàgài shí fēn zhōng jiù néng dào zhèr.

(Èrshí fēn zhōng yǐhòu, Lǐ Bái dào le)

Lǐ Bái: Bù hǎoyìsi, xià xuě tiān dǔchē yánzhòng, ràng nǐmen jiǔ děng le. Mǐ Xuě, nǐmen jiā zhēn nuǎnhuo a!

Mǐ Xuě: Kuài bǎ yǔróngfú tuō xialai fàng zài shāfā shang ba. Wàibian tài lěng le, nǐ xiān hē bēi rè shuǐ ba. Dàjiā hē shuǐ háishi hē guǒzhī?

(Dàjiā láidào fànzhuō páng)

Lǐ Bái: Zhème duō cài, zhēn xiāng a! Dōu shì nǐmen zuò de ma?

Zhāng Méng: Quánbù dōu shì wǒmen zuò de, kànkan zuò de zěnmeyàng?

Lǐ Bái: Mápódòufu, shì là de; xīhóngshìchǎojīdàn, shì tián de; jīngjiàngròusī, shì xián de;

suānlàtǔdòusī, yòu suān yòu là. Nǐmen tài lìhai le, suān tián kǔ là xián quán dōu yǒu le! Zài kànkan yánsè, yǒu hóng de, yǒu lǜ de, yǒu bái de, hái yǒu huáng de, zhēnshi sè xiāng wèi jùquán!

Mǐ Xuě: Bié guāng kàn le, dàjiā dōu è le, kuài diǎnr kāishǐ chī ba!

Zhāng Méng: Hǎo hǎo hǎo, zánmen xiān gān yì bēi, zhù Mǐ Xuě shēngrì kuàilè!

Suǒyǒu rén: Gānbēi!

生词

14-2

1.	饼干	bǐnggān	N	cookie
2.	肚子	dùzi	N	belly; stomach
3.	占线	zhàn//xiàn	VO	the line is busy
4.	通	tōng	V	to get through
5.	约会	yuēhuì	N	date; rendezvous
6.	加油站	jiāyóuzhàn	N	gas station
7.	羽绒服	yǔróngfú	N	down jacket
8.	脱	tuō	V	to take off (clothes)
9.	沙发	shāfā	N	sofa
10.	外边	wàibian	N	outside
11.	果汁	guǒzhī	N	juice
12.	香	xiāng	Adj	fragrant
13.	全部	quánbù	N	all
14.	麻婆豆腐	mápódòufu		Mapo tofu, stewed bean curd with minced pork in pepper sauce
15.	辣	là	Adj	spicy
16.	西红柿炒鸡蛋	xīhóngshìchǎo-jīdàn		scrambled eggs with tomatoes
17.	京酱肉丝	jīngjiàngròusī		shredded pork with sweet bean paste
18.	咸	xián	Adj	salty

19.	酸辣土豆丝	suānlàtǔdòusī		sour and spicy potato shreds
	酸	suān	Adj	sour
20.	色香味俱全	sè xiāng wèi jùquán	IE	to be a perfect combination of color, smell and taste
21.	干杯	gān//bēi	VO	(before drinking) cheers; bottoms up

语言点

比一比："全部"和"全"

"全部"只可以做名词，表示"各个部分的综合，整个"。例如：

"全部" can only be used as a noun, referring to the whole or the sum of various parts. For instance:

①为了买书，我花光了这个月的全部生活费。

②同屋的衣服全部都是在网上买的。

"全"做形容词时，表示"齐全，整个"；做副词时，表示"完全，都"。例如：

When used as an adjective, "全" means "complete" or "whole"; when used as an adverb, it means "completely" or "all". For instance:

③昨天突然下雨了，我没带伞，全身都湿透了。

④全文没有一个错字。

⑤这部电脑是全新的。

⑥秋天来了，树上的叶子全黄了。

选词填空

全　　全部

（1）去年在国外旅行的时候，我的行李________丢了。

（2）因为天气原因，室外活动________取消了。

（3）________家都支持哥哥学习医学。

（4）爸爸把________工资都交给了妈妈。

（5）我每个月的________收入不到 5000 块钱。

课文二

14-3

汉语里有一句话，叫作“民以食为天”。这句话的意思是，人们觉得食物是最重要的。的确，在生活中，中国人非常重视“吃”。但是由于中国面积大，各地的环境和习惯不同，人们的口味也就各有特点。

“南甜北咸，东辣西酸”说的就是中国各地饮食习惯的特点。“南甜”说的是南方人吃糖多，甜的菜往往为南方人所喜爱；“北咸”说的是北方人吃盐多，咸的菜往往为北方人所喜爱。至于“东辣西酸”，指的是太行山以东的山东地区的人们喜欢吃辣的食物，而太行山以西地区的人们喜欢吃酸的食物。

“南甜北咸，东辣西酸”说的是中国各地饮食习惯的普遍情况，但并不是说所有的南方人都爱吃甜的，所有的北方人都爱吃咸的，每个家庭和个人都有自己的饮食习惯。现在，随着交流的增多，每个地方都有全国各地的特色菜，这满足了人们对不同口味的需求。

Hànyǔ li yǒu yí jù huà, jiàozuò “mín yǐ shí wéi tiān”. Zhè jù huà de yìsi shì, rénmen juéde shíwù shì zuì zhòngyào de. Díquè, zài shēnghuó zhōng, zhōngguórén fēicháng zhòngshì “chī”. Dànshì yóuyú Zhōngguó miànjī dà, gè dì de huánjìng hé xíguàn bù tóng, rénmen de kǒuwèi yě jiù gè yǒu tèdiǎn.

“Nán tián běi xián, dōng là xī suān” shuō de jiù shì Zhōngguó gè dì yǐnshí xíguàn de tèdiǎn. “Nán tián” shuō de shì nánfāngrén chī táng duō, tián de cài wǎngwǎng wéi nánfāngrén suǒ xǐ’ài; “běi xián” shuō de shì běifāngrén chī yán duō, xián de cài wǎngwǎng wéi běifāngrén suǒ xǐ’ài. Zhìyú “dōng là xī suān” , zhǐ de shì Tàiháng Shān yǐ dōng de Shāndōng dìqū de rénmen xǐhuan chī là de shíwù, ér Tàiháng Shān yǐ xī dìqū de rénmen xǐhuan chī suān de shíwù.

“Nán tián běi xián, dōng là xī suān” shuō de shì Zhōngguó gè dì yǐnshí xíguàn de pǔbiàn qíngkuàng, dàn bìng bú shì shuō suǒyǒu de nánfāngrén dōu ài chī tián de, suǒyǒu de běifāngrén dōu ài chī xián de, měi gè jiātíng hé gèrén dōu yǒu zìjǐ de yǐnshí xíguàn. Xiànzài, suízhe jiāoliú de zēngduō, měi gè dìfang dōu yǒu quán guó gè dì de tèsè cài, zhè mǎnzúle rénmen duì bù tóng kǒuwèi de xūqiú.

生词 14-4

1.	民以食为天	mín yǐ shí wéi tiān	IE	Food is the first necessity of the people.
2.	食物	shíwù	N	food
3.	面积	miànjī	N	area; size of land
4.	口味	kǒuwèi	N	taste
5.	糖	táng	N	sugar
6.	喜爱	xǐ'ài	V	to like; to love
7.	至于	zhìyú	Prep	as for
8.	指	zhǐ	V	to refer to
9.	以	yǐ	Pref	(*used before a single-morpheme noun of locality to indicate a limit in time, space or quantity*) by; to
10.	个人	gèrén	N	individual
11.	增多	zēngduō	V	to increase
12.	特色	tèsè	N	distinguishing feature
特例词				
1.	太行山	Tàiháng Shān	PN	Taihang Mountains
2.	山东	Shāndōng	PN	Shandong (province)

语言点

1. 格式：为……所……

甜的菜往往为南方人所喜爱。

“为……所……”格式是一种书面表达法，表示被动的意思。例如：

“为……所……” ([done] by...) is an expression with passive meaning used in written language. For instance:

①动画片为孩子们所喜欢。

②现在，合租这种方式已经为更多年轻人所接受。

③人可以和电脑结婚，这不能为一般人所理解。

用“为……所……”改写句子

（1）移动支付的方式被人们喜爱。

______________________________。

（2）老师工作很辛苦，同学们都被她感动了。

______________________________。

（3）智能手机渐渐代替了老式手机。

______________________________。

2. 介词：至于

至于“东辣西酸”，……

“至于”，介词，用来引进一个新的话题，一般用在小句或句子的开头。例如：

“至于” is a preposition used to introduce a new topic, usually placed at the beginning of a clause or sentence. For instance:

① 很多家长给孩子报了各种各样的课外班，至于孩子是否喜欢，家长就不清楚了。

② 点外卖越来越普遍，至于这种用餐方式是否环保、健康，很多人都没有认真考虑过。

③ 买电脑的时候，我最重视电脑的功能，至于价格，并不是很重要。

用“至于”完成句子

（1）买食品，我最关心质量，____________________。

（2）很多家长非常重视孩子的学习成绩，____________________。

（3）在食堂吃饭很方便，____________________。

课堂练习

一、读拼音，写汉字

1. dùzi ________
2. gānbēi ________
3. quánbù ________
4. yuēhuì ________
5. zhànxiàn ________
6. guǒzhī ________
7. bǐnggān ________
8. wàibian ________
9. tèsè ________
10. miànjī ________

二、辨字组词

1. 干____　千____
2. 部____　队____
3. 香____　和____
4. 并____　饼____

三、词语搭配

1. 电话　　a. 严重
2. 面积　　b. 特点
3. 生活　　c. 占线
4. 堵车　　d. 巨大
5. 口味　　e. 习惯

四、完成句子或对话

1. 来到中国以后，我特别喜欢旅游，________________。（全）

2. 这部手机都用了五年了，________________。（得）

3. 小区离我上班的公司不太远，________________。（大概）

4. A：年轻人一般喜欢看什么电影？
   B：________________。（为……所……）

5. A：你以后想找一份什么样的工作？
   B：当然是想找一份喜欢的工作，________________。（至于）

五、根据课文内容回答问题

1. 根据课文一的内容回答问题。

（1）大家为什么都去了米雪家？

（2）李白为什么来晚了？

（3）他们都做了哪些菜？

2. 根据课文二的内容回答问题。

（1）“民以食为天”指的是什么？

（2）在中国，为什么各地人们的口味不一样？

（3）“南甜北咸，东辣西酸”是什么意思？

六、根据课文内容填空

今天是米雪的______，大家都来为她庆祝了。可是李白来得很晚，因为他下午有个______，并且因为下雪，______很严重。这次生日聚会，他们没有点外卖，菜______都是他们自己做的。有麻婆豆腐，是______的；西红柿炒鸡蛋，是______的；京酱肉丝，是______的；酸辣土豆丝，又______又______。李白觉得大家太______了，酸甜苦辣咸______都有了。菜很香，很好吃，大家都很开心，一起______祝米雪生日快乐。

七、任务活动

每个人的口味都不一样，每个人喜欢的菜也不一样。几位同学一组，互相了解饮食习惯，完成下面的表格，然后向全班同学介绍。在了解的过程中，可以问下面的问题：

1. 你喜欢哪种口味？

2. 你不喜欢哪种口味？

3. 你最喜欢吃什么菜？

4. 你最不喜欢吃什么菜？

调查的同学	喜欢的口味	不喜欢的口味	喜欢的菜	不喜欢的菜

第十五课 你经常做梦吗？

课文一

语言点

1. 副词：忽然
2. 程度补语：坏

课文二

语言点

1. 副词：难怪
2. 连词：不论

热身话题

1. 你经常做梦吗？经常做什么样的梦？
2. 你觉得梦的内容和什么有关系？

课文一

15-1

（上课的时候，李白很没有精神，下课以后，王老师跟李白聊天儿）

王老师：李白，你今天看起来没什么精神，怎么了？

李　白：我昨天晚上睡得很不好。

王老师：熬夜了？

李　白：没熬夜，可是做了个很可怕的梦。

王老师：梦到什么了？

李　白：我梦到去爬山，忽然看见一只大老虎，我在前面跑，它在后面追，马上就要追上了，可把我吓坏了，最后吓醒了。

王老师：怪不得你睡得不好，原来是做噩梦了。

（李白的同学也加入了聊天儿）

同　学：我昨天晚上也做噩梦了。

李　白：难道你也梦到老虎了？

同　学：我没梦到老虎，我梦到考试了。有很多题，有填空题，有判断题，还有排列顺序题。

李　白：难不难？会做吗？

同　学：不是太难，可是我忘带铅笔和橡皮了，差点儿把我急死。我想借你的，可是你不借给我，我很生气。这时，闹钟响了，我就醒了。

李　白：我没借给你，那一定是因为我只有一支铅笔、一块橡皮。

同　学：好吧，那我原谅你了。

王老师：你俩做的梦让人感觉紧张、害怕。你们想想，最近有什么担心、害怕的事情吗？

李白和同学：考试！怪不得我们做噩梦！

(Shàngkè de shíhou, Lǐ Bái hěn méiyǒu jīngshen, xiàkè yǐhòu, Wáng lǎoshī gēn Lǐ Bái liáotiānr)

Wáng lǎoshī: Lǐ Bái, nǐ jīntiān kàn qilai méi shénme jīngshen, zěnme le?

Lǐ Bái: Wǒ zuótiān wǎnshang shuì de hěn bù hǎo.

Wáng lǎoshī: Áoyè le?

Lǐ Bái: Méi áoyè, kěshì zuòle gè hěn kěpà de mèng.

Wáng lǎoshī: Mèngdào shénme le?

Lǐ Bái: Wǒ mèngdào qù páshān, hūrán kànjiàn yì zhī dà lǎohǔ, wǒ zài qiánmiàn pǎo, tā zài hòumiàn zhuī, mǎshàng jiù yào zhuīshang le, kě bǎ wǒ xiàhuài le, zuìhòu xiàxǐng le.

Wáng lǎoshī: Guàibude nǐ shuì de bù hǎo, yuánlái shì zuò èmèng le.

(Lǐ Bái de tóngxué yě jiārùle liáotiānr)

Tóngxué: Wǒ zuótiān wǎnshang yě zuò èmèng le.

Lǐ Bái: Nándào nǐ yě mèngdào lǎohǔ le?

Tóngxué: Wǒ méi mèngdào lǎohǔ, wǒ mèngdào kǎoshì le. Yǒu hěn duō tí, yǒu tiánkòngtí, yǒu pànduàntí, hái yǒu páiliè shùnxù tí.

Lǐ Bái: Nán bu nán? Huì zuò ma?

Tóngxué: Bú shì tài nán, kěshì wǒ wàng dài qiānbǐ hé xiàngpí le, chàdiǎnr bǎ wǒ jísǐ. Wǒ xiǎng jiè nǐ de, kěshì nǐ bú jiè gěi wǒ, wǒ hěn shēngqì. Zhè shí, nàozhōng xiǎng le, wǒ jiù xǐng le.

Lǐ Bái: Wǒ méi jiè gěi nǐ, nà yídìng shì yīnwèi wǒ zhǐ yǒu yì zhī qiānbǐ, yí kuài xiàngpí.

Tóngxué: Hǎo ba, nà wǒ yuánliàng nǐ le.

Wáng lǎoshī: Nǐ liǎ zuò de mèng ràng rén gǎnjué jǐnzhāng, hàipà. Nǐmen xiǎngxiang, zuìjìn yǒu shénme dānxīn, hàipà de shìqing ma?

Lǐ Bái hé tóngxué: Kǎoshì! Guàibude wǒmen zuò èmèng!

生词

15-2

1.	做梦	zuò//mèng	VO	to dream
	梦	mèng	N/V	(to) dream
2.	熬夜	áo//yè	VO	to stay up late
3.	可怕	kěpà	Adj	scary
4.	忽然	hūrán	Adv	suddenly
5.	老虎	lǎohǔ	N	tiger
6.	追	zhuī	V	to chase
7.	吓	xià	V	to frighten
8.	醒	xǐng	V	to wake up
9.	噩梦	èmèng	N	nightmare
10.	填空	tián//kòng	VO	to fill in the blank
11.	判断	pànduàn	V	to judge
12.	排列	páiliè	V	to arrange; to put in order
13.	顺序	shùnxù	N	order; sequence
14.	橡皮	xiàngpí	N	eraser
15.	闹钟	nàozhōng	N	alarm clock
16.	响	xiǎng	V	to ring; to produce a sound
17.	支	zhī	M	*a measure word for pens, etc.*
18.	原谅	yuánliàng	V	to forgive

语言点

1. 副词：忽然

忽然看见一只大老虎。

“忽然”，副词，表示事情发生得迅速，让人没有想到。

“忽然” is an adverb, meaning that something happens quickly and unexpectedly.

①昨天上班的路上，忽然下起了大雨。

②小狗跑着跑着，忽然叫了起来。

③忽然，教室的门打开了，进来了一个不认识的人。

用“忽然”完成句子

（1）昨天看电视的时候，____________________。

（2）我正在和朋友打乒乓球呢，____________________。

（3）今天下午开车回家的路上，____________________。

2. 程度补语：坏

可把我吓坏了。

“坏”做程度补语时，用在动词或形容词后边，补充说明动作行为或事物性质、状态达到的程度比较高。常见的程度补语有“极、坏、死、透、很、要命、不行、厉害、不得了、多”等。

When “坏” is used as a degree complement, it often follows a verb or an adjective to further explain that the action, behavior, or the nature or state of something reaches a high degree. Common degree complements include “极”, “坏”, “死”, “透”, “很”, “要命”, “不行”, “厉害”, “不得了”, “多” and so on.

①孩子太调皮，把妈妈气坏了。

②周末加了两天班，累死了。

③我的牙又出毛病了，疼得要命。

④同屋终于减肥成功了，高兴得不得了。

用“动词 / 形容词 + 死 / 坏”完成句子

（1）我今天没来得及吃早饭，上午上课的时候＿＿＿＿＿＿＿＿＿＿。

（2）最近每天都有考试，＿＿＿＿＿＿＿＿＿＿。

（3）妈妈下班以后，又要做饭，又要打扫卫生，还要检查孩子的作业，＿＿＿＿＿＿＿＿＿＿。

（4）家人明天就来中国看我了，＿＿＿＿＿＿＿＿＿＿。

课文二

15-3

每个人都会做梦，并且常常会梦到千奇百怪的东西。有时候，我们会梦到跟自己的家人或朋友在一起，开心快乐；有时候，一个很诚实的人会在梦里骗我们，让梦里的我们很伤心；甚至，有的时候一些普普通通的东西也会进入我们的梦乡：一支牙膏、一把刀或者一座桥……有的梦很好玩儿，有的梦很可怕，有的梦很奇怪，但回忆起来却往往都很有意思。

梦很有趣，对梦的解释也很有意思。有人说，要出门的人如果梦见衣服破了，说明会很平安；有人说，做梦梦见鸟说明做梦人的内心比较快乐。年轻人梦见葡萄说明生活会幸福；老人梦见葡萄说明身体很健康；做生意的人梦见葡萄说明生意很好，会越来越富有。不同的人对梦的解释常常不一样，甚至是相反的。比如，梦见买家具，有人说这说明你最近的人际关系很好，可是也有人说这说明你最近遇到了很多麻烦和困难。相同的梦，却有完全相反的解释，难怪人们觉得对梦的很多解释是不科学的。

不论在中国，还是在外国，人们对梦的研究都有很长的历史。

但是人到底为什么会做梦，每种梦是什么意思，白天发生的事情跟晚上的梦之间有没有关系，这些问题都还没有统一的科学解释，仍然在研究中。

Měi gè rén dōu huì zuòmèng, bìngqiě chángcháng huì mèngdào qiānqí-bǎiguài de dōngxi. Yǒu shíhou, wǒmen huì mèngdào gēn zìjǐ de jiārén huò péngyou zài yìqǐ, kāixīn kuàilè; yǒu shíhou, yí gè hěn chéngshí de rén huì zài mèng li piàn wǒmen, ràng mèng li de wǒmen hěn shāngxīn; shènzhì, yǒude shíhou yìxiē pǔpǔtōngtōng de dōngxi yě huì jìnrù wǒmen de mèngxiāng: yì zhī yágāo, yì bǎ dāo huòzhě yí zuò qiáo… Yǒude mèng hěn hǎowánr, yǒude mèng hěn kěpà, yǒude mèng hěn qíguài, dàn huíyì qilai què wǎngwǎng dōu hěn yǒu yìsi.

Mèng hěn yǒuqù, duì mèng de jiěshì yě hěn yǒu yìsi. Yǒu rén shuō, yào chūmén de rén rúguǒ mèngjiàn yīfu pò le, shuōmíng huì hěn píng'ān; yǒu rén shuō, zuòmèng mèngjiàn niǎo shuōmíng zuòmèngrén de nèixīn bǐjiào kuàilè. Niánqīngrén mèngjiàn pútao shuōmíng shēnghuó huì xìngfú; lǎorén mèngjiàn pútao shuōmíng shēntǐ hěn jiànkāng; zuò shēngyi de rén mèngjiàn pútao shuōmíng shēngyi hěn hǎo, huì yuèláiyuè fùyǒu. Bù tóng de rén duì mèng de jiěshì chángcháng bù yíyàng, shènzhì shì xiāngfǎn de. Bǐrú, mèngjiàn mǎi jiājù, yǒu rén shuō zhè shuōmíng nǐ zuìjìn de rénjì guānxì hěn hǎo, kěshì yě yǒu rén shuō zhè shuōmíng nǐ zuìjìn yùdàole hěn duō máfan hé kùnnan. Xiāngtóng de mèng, què yǒu wánquán xiāngfǎn de jiěshì, nánguài rénmen juéde duì mèng de hěn duō jiěshì shì bù kēxué de.

Búlùn zài Zhōngguó, háishi zài wàiguó, rénmen duì mèng de yánjiū dōu yǒu hěn cháng de lìshǐ. Dànshì rén dàodǐ wèi shénme huì zuòmèng, měi zhǒng mèng shì shénme yìsi, báitiān fāshēng de shìqing gēn wǎnshang de mèng zhījiān yǒu méiyǒu guānxì, zhèxiē wèntí dōu hái méiyǒu tǒngyī de kēxué jiěshì, réngrán zài yánjiū zhōng.

生词

15-4

1.	千奇百怪	qiānqí-bǎiguài	all sorts of strange things

2.	骗	piàn	V	to cheat; to lie (to sb.)
3.	牙膏	yágāo	N	toothpaste
4.	刀	dāo	N	knife
5.	桥	qiáo	N	bridge
6.	破	pò	V	to break; to be torn
7.	说明	shuōmíng	V	to show; to demonstrate
8.	平安	píng'ān	Adj	safe
9.	鸟	niǎo	N	bird
10.	葡萄	pútao	N	grape
11.	生意	shēngyi	N	business
12.	富有	fùyǒu	Adj	rich; wealthy
13.	家具	jiājù	N	furniture
14.	难怪	nánguài	Adv	no wonder
15.	不论	búlùn	Conj	no matter (what, who, where, etc.)
16.	统一	tǒngyī	Adj	unified; uniform

语言点

1. 副词：难怪

难怪人们觉得对梦的很多解释是不科学的。

"难怪"，副词，表示突然明白了原因，对某种情况不再觉得奇怪。

"难怪" is an adverb, meaning that one suddenly understands the reason and no longer feels strange about a certain situation.

①网上的东西一般都比商店的便宜，难怪越来越多的人喜欢网购。

②大学毕业找工作很难，难怪那么多同学要考研。

③为了结婚，小李贷款买了一套房子，难怪压力那么大。

用"难怪"完成句子

（1）昨天弟弟的球队赢了，________________。

（2）同屋的护照丢了，________________。

（3）爷爷每天坚持锻炼身体，________________。

2. 连词：不论

不论在中国，还是在国外……

“不论”，连词，表示条件或情况不同而结果不变，后面往往有并列的词语或者表示任指的疑问代词，下文多用“都”“总”等副词跟它呼应。例如：

“不论” is a conjunction, meaning that the conditions or circumstances change but the result remains the same. It is often followed by parallel words or an interrogative pronoun of arbitrary reference. Adverbs such as “都” and “总” often appear in the latter part of the sentence for coherence. For instance:

①不论遇到什么问题，我们都要去解决。

②不论你喜欢不喜欢，我都要买这部手机。

③不论学生还是老师，都觉得这次考试的难度太大了。

用“不论”完成句子

（1）________________，都要重视健康。

（2）________________，哥哥总是加班。

课堂练习

一、读拼音，写汉字

1. jiājù ________	6. shùnxù ________
2. píng'ān ________	7. shuōmíng ________
3. lǎohǔ ________	8. kěpà ________
4. páiliè ________	9. yuánliàng ________
5. shēngyi ________	10. zuòmèng ________

二、辨字组词

1. 具________	2. 林________	3. 篇________	4. 破______
见________	梦________	骗________	皮______

三、词语搭配

1. 害怕　　　　a. 紧张
2. 判断　　　　b. 顺序
3. 观点　　　　c. 统一
4. 排列　　　　d. 对错
5. 感觉　　　　e. 生病

四、完成句子或对话

1. 来中国以前，我对中国不太熟悉，____________。（甚至）

2. 我正在参观博物馆，____________。（忽然）

3. 同屋会做中国菜，____________。（并且）

4. A：昨天晚上我熬夜了，也就睡了三个多小时。
   B：____________。（难怪）

5. A：我已经很长时间没给父母打过电话了。
   B：____________。（难道）

五、根据课文内容回答问题

1. 根据课文一的内容回答问题。
（1）为什么李白上课的时候没什么精神？
（2）李白的同学昨天晚上梦到了什么？
（3）李白和同学最近有什么担心的事情？
2. 根据课文二的内容回答问题。
（1）人们梦到的总是开心快乐的事情吗？
（2）人们对梦的解释一样吗？
（3）为什么说对梦的很多解释是不科学的？

六、根据课文内容填空

李白昨天晚上没睡好，因为他做了一个很______的梦。他梦到去爬山，______看见一只大老虎，他在前面跑，老虎在后面______，把他吓______

了，最后吓______了。李白的同学昨晚也做了______，他梦到考试了，有很多______，有填空题，有判断题，还有排列顺序题。题不太难，可是他忘带______和______了，差点儿把他急______。他想借李白的，______李白不借给他，他很______。李白和同学做的梦都让人感觉紧张、害怕，那是因为他们马上要考试了，______他们都做噩梦。

七、任务活动

晚上睡觉时，我们都会做梦，有时做美梦，有时做噩梦，有的梦醒来就忘了，有的梦能够记很多年。采访 3 ～ 5 个朋友，了解他们记得最清楚的梦，并请他们谈谈做这样梦的可能的原因。

第十六课　世界那么大，我想去看看

课文一

语言点

1. 比一比："准时"和"按时"
2. 格式：这要看……

课文二

语言点

1. 格式：想……就……
2. 副词：随时

热身话题

1. 你经历过飞机推迟起飞的情况吗？你等了多长时间？
2. 你去过哪些国家？护照上面有多少签证？

课文一

16-1

（李白和马小军在机场，准备回济南）

李　白：北京大兴国际机场可真大！

马小军：对，听说这是目前亚洲第一大机场。我们在几号登机口？

李　白：我看看登机牌……21 号登机口。你刚才听到广播了吗？很多航班起飞时间都推迟了，好像有我们的航班。

马小军：今天天气不好，很多航班都不能准时起飞、降落。

李　白：天气是影响航班能否准时起飞的关键因素。

马小军：是的，不过即使天气没问题，也不能保证航班 100% 准时起飞，影响航班起飞的因素太多了。机场广播里经常能听到这样的通知……

（马小军咳嗽）

李　白：你怎么突然咳嗽起来了？

马小军：我刚才害怕时间来不及，下了出租车就一直跑。要是早知道航班推迟，我就不跑了。

李　白：我去给你买瓶水吧。

马小军：不用，前面有饮水机，我去接点儿水就行。对了，你去过那么多国家，护照签证页都快满了，一定积累了很多办签证的经验吧？

李　白：是啊。有的国家需要提前办，有的国家要在转机的时候办，还有的国家可以免签。

马小军：转机也要办签证吗？

李　白：这要看每个国家的规定，有的时候转机需要换机场，这样就得办签证。

马小军：你懂的可真多！

李　白：去的地方多了，懂的也自然多，这就是中国人说的"读万卷书，行万里路"。

(Lǐ Bái hé Mǎ Xiǎojūn zài jīchǎng, zhǔnbèi huí Jǐnán)

Lǐ Bái: Běijīng Dàxīng Guójì Jīchǎng kě zhēn dà!

Mǎ Xiǎojūn: Duì, tīngshuō zhè shì mùqián Yàzhōu dì-yī dà jīchǎng. Wǒmen zài jǐ hào dēng jī kǒu?

Lǐ Bái: Wǒ kànkan dēng jī pái··· 21 hào dēng jī kǒu. Nǐ gāngcái tīngdào guǎngbō le ma? Hěn duō hángbān qǐfēi shíjiān dōu tuīchí le, hǎoxiàng yǒu wǒmen de hángbān.

Mǎ Xiǎojūn: Jīntiān tiānqì bù hǎo, hěn duō hángbān dōu bù néng zhǔnshí qǐfēi, jiàngluò.

Lǐ Bái: Tiānqì shì yǐngxiǎng hángbān néng fǒu zhǔnshí qǐfēi de guānjiàn yīnsù.

Mǎ Xiǎojūn: Shìde, búguò jíshǐ tiānqì méi wèntí, yě bù néng bǎozhèng hángbān 100% zhǔnshí qǐfēi, yǐngxiǎng hángbān qǐfēi de yīnsù tài duō le. Jīchǎng guǎngbō li jīngcháng néng tīngdào zhèyàng de tōngzhī···

(Mǎ Xiǎojūn késou)

Lǐ Bái: Nǐ zěnme tūrán késou qilai le?

Mǎ Xiǎojūn: Wǒ gāngcái hàipà shíjiān láibují, xiàle chūzūchē jiù yìzhí pǎo. Yàoshi zǎo zhīdào hángbān tuīchí, wǒ jiù bù pǎo le.

Lǐ Bái: Wǒ qù gěi nǐ mǎi píng shuǐ ba.

Mǎ Xiǎojūn: Búyòng, qiánmiàn yǒu yǐnshuǐjī, wǒ qù jiē diǎnr shuǐ jiù xíng. Duìle, nǐ qùguo nàme duō guójiā, hùzhào qiānzhèngyè dōu kuài mǎn le, yídìng jīlěile hěn duō bàn qiānzhèng de jīngyàn ba?

Lǐ Bái: Shì a. Yǒude guójiā xūyào tíqián bàn, yǒude guójiā yào zài zhuǎnjī de shíhou bàn, hái yǒude guójiā kěyǐ miǎnqiān.

Mǎ Xiǎojūn: Zhuǎnjī yě yào bàn qiānzhèng ma?

Lǐ Bái: Zhè yào kàn měi gè guójiā de guīdìng, yǒude shíhou zhuǎnjī xūyào huàn jīchǎng, zhèyàng jiù děi bàn qiānzhèng.

Mǎ Xiǎojūn: Nǐ dǒng de kě zhēn duō!

Lǐ Bái: Qù de dìfang duō le, dǒng de yě zìrán duō, zhè jiù shì zhōngguórén shuō de "dú wàn juàn shū, xíng wàn lǐ lù".

生词

16-2

1.	登机	dēng jī	V O	to board a plane
2.	广播	guǎngbō	N	broadcast; announcement
3.	推迟	tuīchí	V	to put off; to postpone
4.	准时	zhǔnshí	Adj	on time
5.	降落	jiàngluò	V	to land
6.	因素	yīnsù	N	factor
7.	饮水机	yǐnshuǐjī	N	drinking fountain; water dispenser
8.	页	yè	N	page
9.	转机	zhuǎn//jī	VO	to make a connecting flight
10.	免签	miǎnqiān	V	to be visa-exempt
11.	自然	zìrán	Adv	naturally
12.	卷	juàn	M	(of books) volume

特例词				
1.	北京大兴国际机场	Běijīng Dàxīng Guójì Jīchǎng	PN	Beijing Daxing International Airport
2.	亚洲	Yàzhōu	PN	Asia

语言点

1. 比一比："准时"和"按时"

相同点： Similarities:

"准时"和"按时"都表示按照约定的时间做某事。例如：

Both "准时" and "按时" mean doing something at the agreed time. For instance:

①明天的考试，请大家带着自己的证件准时 / 按时来考场。

不同点： Differences:

"准时"是形容词，在句中可以做谓语或者状语；"按时"是副词，在句中只能做状语。在含义上，"准时"更强调时间分秒不差。例如：

"准时" is an adjective that can serve as the predicate or an adverbial in a sentence; "按时" is an adverb which can only be used as an adverbial in a sentence. In terms of meaning, "准时" emphasizes the exact time. For instance:

②我们老板开会一直很准时，从不迟到。

③明天早上八点半我在楼下等你，我们准时出发。

④你别忘了每天要按时吃药。

选词填空

准时　　按时

（1）网上的打折活动会在零点________开始，请提前将喜欢的物品放到购物车里。

（2）我每个月都________交水费、电费、电话费。

（3）今天天气状况不错，飞机应该能够________起飞。

（4）送餐员________将午餐送到了我的办公室。

（5）这条路常常堵车，因此公交车也不太________。

2. 格式：这要看……

这要看每个国家的规定。

"这要看"表示要根据具体的情况来处理。

"这要看" means something should be dealt with according to the specific situation.

①什么时候能回国，这要看期末考试的时间。

②选择什么样的旅行方式，这要看每个人的想法。

③要不要买新房子，这要看妈妈的决定。

用"这要看"完成句子

（1）能不能通过考试，____________________。

（2）多长时间能到学校，____________________。

课文二

16-3

2015 年 4 月，一位女教师的辞职信突然在中国的互联网上火了起来。这封辞职信简单得只有一句话："世界那么大，我想去看看。"看世界的想法，很多人都有。有的人是为了减轻工作上的压力，有的人是为了发现美丽的风景，还有的人是为了学习或者工作。可是世界那么大，怎么去看看呢？

首先，目的地的选择非常重要。有调查显示，旅行目的地与生活地点越远，心情越放松。所以如果经济条件允许，要想玩儿得更开心，就去远一点儿的地方吧。

其次，旅行方式的选择也很重要。选择跟团游，还是自助游？其实它们各有利弊。

跟团游一般价格比较便宜，而且省去了自己坐车、买票和订酒店的时间，但是旅行的时间会受到限制，玩儿的地点也会有限制，而且有些旅行团还会有购物点。

自助游的好处就是想玩儿多久就玩儿多久，没有赶时间的烦恼，但是和跟团游比起来消费要高一些。另外，自助游由于太多的不确定因素，往往在安全方面容易出问题，这一点在计划旅行的时候就应该做好准备，最好不要去有危险的地方。如果去国外，要随时注意大使馆的安全提醒消息，同时，一定要保存好一切可能用到的紧急电话。

2015 nián 4 yuè, yí wèi nǚ jiàoshī de cízhíxìn tūrán zài Zhōngguó de hùliánwǎng shang huǒle qilai. Zhè fēng cízhíxìn jiǎndān de zhǐ yǒu yí jù huà: “Shìjiè nàme dà, wǒ xiǎng qù kànkan.” Kàn shìjiè de xiǎngfǎ, hěn duō rén dōu yǒu. Yǒude rén shì wèile jiǎnqīng gōngzuò shang de yālì, yǒude rén shì wèile fāxiàn měilì de fēngjǐng, hái yǒude rén shì wèile xuéxí huòzhě gōngzuò. Kěshì shìjiè nàme dà, zěnme qù kànkan ne?

Shǒuxiān, mùdìdì de xuǎnzé fēicháng zhòngyào. Yǒu diàochá xiǎnshì, lǚxíng mùdìdì yǔ shēnghuó dìdiǎn yuè yuǎn, xīnqíng yuè fàngsōng. Suǒyǐ rúguǒ jīngjì tiáojiàn yǔnxǔ, yào xiǎng wánr de gèng kāixīn, jiù qù yuǎn yìdiǎnr de dìfang ba.

Qícì, lǚxíng fāngshì de xuǎnzé yě hěn zhòngyào. Xuǎnzé gēn tuán yóu, háishi zìzhù-yóu? Qíshí tāmen gè yǒu lìbì.

Gēn tuán yóu yìbān jiàgé bǐjiào piányi, érqiě shěngqùle zìjǐ zuò chē, mǎi piào hé dìng jiǔdiàn de shíjiān, dànshì lǚxíng de shíjiān huì shòudào xiànzhì, wánr de dìdiǎn yě huì yǒu xiànzhì, érqiě yǒuxiē lǚxíngtuán hái huì yǒu gòu wù diǎn.

Zìzhùyóu de hǎochu jiù shì xiǎng wánr duō jiǔ jiù wánr duō jiǔ, méiyǒu gǎn shíjiān de fánnǎo, dànshì hé gēn tuán yóu bǐ qilai xiāofèi yào gāo yìxiē. Lìngwài, zìzhùyóu yóuyú tài duō de bú quèdìng yīnsù, wǎngwǎng zài ānquán fāngmiàn róngyì chū wèntí, zhè yì diǎn zài jìhuà lǚxíng de shíhou jiù yīnggāi zuòhǎo zhǔnbèi, zuìhǎo búyào qù yǒu wēixiǎn de dìfang.

Rúguǒ qù guówài, yào suíshí zhùyì dàshǐguǎn de ānquán tíxǐng xiāoxi, tóngshí, yídìng yào bǎocún hǎo yíqiè kěnéng yòngdào de jǐnjí diànhuà.

生词

16-4

1.	火	huǒ	Adj	hot; popular
2.	封	fēng	M	*a measure word for letters, etc.*
3.	想法	xiǎngfǎ	N	idea
4.	目的地	mùdìdì	N	destination
5.	地点	dìdiǎn	N	place
6.	允许	yǔnxǔ	V	to allow; to permit
7.	团	tuán	N	group
8.	自助游	zìzhùyóu	V	to travel independently
	自助	zìzhù	V	to be independent; to rely on oneself
9.	它们	tāmen	Pron	they; them
10.	利弊	lìbì	N	advantage(s) and disadvantage(s)
11.	订	dìng	V	to order (sth.); to book
12.	限制	xiànzhì	V/N	to limit; restriction
13.	赶	gǎn	V	to catch up with; to hurry
14.	随时	suíshí	Adv	anytime
15.	大使馆	dàshǐguǎn	N	embassy
16.	同时	tóngshí	Conj	at the same time
17.	保存	bǎocún	V	to save; to keep
18.	紧急	jǐnjí	Adj	emergency; urgent

语言点

1. 格式：想……就……

自助游的好处就是想玩儿多久就玩儿多久。

"想……就……"表示随心所欲，后面可以跟两个重复的动词或者由疑问代词构成的动词短语。例如：

"想……就……" means doing whatever one wants. It can be used with repeated verbs or verb phrases containing an interrogative pronoun. For instance:

①考完试，我在家想玩儿就玩儿，想吃就吃，想睡就睡。

②同事说这张卡在超市里面想买什么就买什么，没有限制。

③买了车以后，生活方便了很多，想去哪儿就去哪儿。

用"想……就……"完成句子

（1）今天我不减肥了，＿＿＿＿＿＿＿＿＿＿＿＿。

（2）发了工资以后，你＿＿＿＿＿＿＿＿＿＿＿＿。

（3）这两个颜色的衣服你穿都很好看，＿＿＿＿＿＿＿＿＿＿＿＿。

2. 副词：随时

要随时注意大使馆的安全提醒消息。

"随时"，副词，表示在任何时间里。

"随时" is an adverb, meaning "at any time".

①同学们有不明白的问题，可以随时问我。

②你有事可以随时给我打电话。

③大家随时都要注意保护环境。

选词填空

随时　　按时

（1）学生应该＿＿＿＿完成作业。

（2）公共汽车不能＿＿＿＿停车。

（3）有的老师喜欢上课的时候＿＿＿＿提问。

课堂练习

一、读拼音，写汉字

1. yīnsù ________
2. lìbì ________
3. guǎngbō ________
4. dàshǐguǎn ________
5. zìrán ________
6. Yàzhōu ________
7. jǐnjí ________
8. xiànzhì ________

二、辨字组词

1. 允________ 免________
2. 转________ 专________
3. 封________ 对________
4. 赶____ 起____

三、词语搭配

1. 随时
2. 保存
3. 准时
4. 限制
5. 自助

a. 服务
b. 时间
c. 注意
d. 信息
e. 降落

四、完成句子或对话

1. 因为天气影响，________________。（推迟）
2. 我的病好了，肚子不疼了，现在我________________。（想……就……）
3. 如果您有任何问题，________________。（随时）
4. A：运动场上人多吗？
   B：________________。（有的……有的……还有的……）
5. A：我的打火机能带上飞机吗？
   B：________________。（允许）

五、根据课文内容回答问题

1. 根据课文一的内容回答问题。

（1）李白、马小军的航班怎么了？为什么？

（2）马小军为什么突然咳嗽了起来？

（3）为什么有时候转机也要办签证？

2. 根据课文二的内容回答问题。

（1）女老师为什么辞职？

（2）为什么建议人们选择远一点儿的旅行目的地？

（3）跟团游的利弊各是什么？

（4）自助游要注意什么？

六、根据课文内容填空

李白和马小军在______国际机场等飞机，这里是目前______第一大机场。______上显示他们在21号登机口登机。但是他们突然听到机场______说，因为天气原因航班起飞时间______了。除了天气原因，影响航班起飞、______的______还有很多。马小军因为刚才赶飞机，一直跑，突然______了起来，他们打算去前面的______接点儿水。

马小军向李白询问办签证的经验。李白说有的国家需要______办，有的国家要在______的时候办，还有的国家可以______，具体的情况要看每个国家的规定。中国人说“读万卷书，行万里路”，去的地方多了，懂的也______多。

七、任务活动

我们经常会遇到飞机起飞时间推迟的情况。两个人一组，互相了解一下对方最近一次飞机起飞时间推迟的经历。在了解的过程中，可以问下面的问题：

1. 你什么时候、在哪里遇到过飞机起飞推迟的情况？

2. 飞机起飞推迟的原因是什么？

3. 飞机起飞推迟了多长时间？

4. 在等待飞机起飞的过程中，你是怎么安排时间的？

附录

语法术语缩略形式一览表

缩略形式 Abbreviations	英译 Grammar Terms in English	中文名称 Grammar Terms in Chinese	拼音 Grammar Terms in *Pinyin*
Adj	Adjective	形容词	xíngróngcí
Adv	Adverb	副词	fùcí
AsPt	Aspect Particle	动态助词	dòngtài zhùcí
C	Complement	补语	bǔyǔ
Conj	Conjunction	连词	liáncí
IE	Idiomatic Expression	习惯用语	xíguàn yòngyǔ
M	Measure Word	量词	liàngcí
MdPt	Modal Particle	语气助词	yǔqì zhùcí
N	Noun	名词	míngcí
NP	Noun Phrase	名词词组	míngcí cízǔ
Nu	Numeral	数词	shùcí
O	Object	宾语	bīnyǔ
Ono	Onomatopoeia	象声词	xiàngshēngcí
OpV	Optative Verb	能愿动词	néngyuàn dòngcí
P	Predicate	谓语	wèiyǔ
PN	Proper Noun	专有名词	zhuānyǒu míngcí
Pref	Prefix	词头	cítóu
Prep	Preposition	介词	jiècí
Pron	Pronoun	代词	dàicí
Pt	Particle	助词	zhùcí
PW	Place Word	地点词	dìdiǎncí
Q	Quantifier	数量词	shùliàngcí
QPr	Question Pronoun	疑问代词	yíwèn dàicí
QPt	Question Particle	疑问助词	yíwèn zhùcí
S	Subject	主语	zhǔyǔ
StPt	Structural Particle	结构助词	jiégòu zhùcí
Suf	Suffix	词尾	cíwěi
V	Verb	动词	dòngcí
VC	Verb plus Complement	动补式动词	dòngbǔshì dòngcí
V C	Verb-Complement Phrase	动补词组	dòngbǔ cízǔ
VO	Verb plus Object	动宾式动词	dòngbīnshì dòngcí
V O	Verb-Object Phrase	动宾词组	dòngbīn cízǔ
VP	Verb Phrase	动词词组	dòngcí cízǔ

生词表

A

阿诺德·施瓦辛格	Ānuòdé Shīwǎxīngé	Arnold Schwarzenegger	7
安排	ānpái	to arrange	2
熬夜	áo//yè	to stay up late	15

B

包子	bāozi	steamed stuffed bun	11
保存	bǎocún	to save; to keep	16
报纸	bàozhǐ	newspaper	13
北京大兴国际机场	Běijīng Dàxīng Guójì Jīchǎng	Beijing Daxing International Airport	16
倍	bèi	times; -fold	9
笨	bèn	foolish; stupid	6
必要	bìyào	necessary	1
避免	bìmiǎn	to avoid	1
便于	biànyú	to be easy to	4
遍	biàn	time(s)	3
标准	biāozhǔn	standard	10
表扬	biǎoyáng	to praise	11
冰灯	bīngdēng	ice lantern	9
饼干	bǐnggān	cookie	14
不论	búlùn	no matter (what, who, where, etc.)	15
不敢	bùgǎn	dare not	10
步骤	bùzhòu	step; procedure	13

C

擦	cā	to wipe	10
猜	cāi	to guess	3
餐厅	cāntīng	restaurant	7
藏	cáng	to hide	3
厕所	cèsuǒ	toilet	11
茶馆	cháguǎn	tea house	6
茶叶	cháyè	tea leaf	13
长城	Chángchéng	the Great Wall	6
长度	chángdù	length	3
长江	Cháng Jiāng	the Yangtze River	13
车窗	chēchuāng	car/bus/train window	7
车速	chēsù	car/bus/train speed	7
车站	chēzhàn	bus/train station	8
成败	chéngbài	success and failure	4
冲动	chōngdòng	impulsive	1
充满	chōngmǎn	to be full of	4
重新	chóngxīn	again; afresh	3
出汗	chū hàn	to sweat	5
船	chuán	boat; ship	13
窗户	chuānghu	window	6
词	cí	word	7
词典	cídiǎn	dictionary	7
从而	cóng'ér	thus	8
从来	cónglái	always	1
存	cún	to deposit	3
错误	cuòwù	wrong	3

D

打扮	dǎban	to dress up	8
打扰	dǎrǎo	to disturb	5
打扫	dǎsǎo	to clean (a room)	11
打印	dǎyìn	to print	12
打招呼	dǎ zhāohu	to say hello	11
大使馆	dàshǐguǎn	embassy	16
大小便	dà-xiǎobiàn	to pee and poop	11

大约	dàyuē	about; approximately	9
淡	dàn	indifferent	8
当地	dāngdì	local	1
当天	dàngtiān	that very day	5
刀	dāo	knife	15
到处	dàochù	everywhere	6
到底	dàodǐ	(*emphasizing a question*) on earth; exactly	9
得意	déyì	complacent; proud	11
登机	dēng jī	to board a plane	16
底	dǐ	end	9
地道	dìdao	native; authentic	13
地点	dìdiǎn	place	16
地球	dìqiú	earth	9
地址	dìzhǐ	address	2
电视剧	diànshìjù	TV drama	13
电影院	diànyǐngyuàn	cinema	7
电子邮箱	diànzǐ yóuxiāng	email	8
掉	diào	*indicating the result of an action*	5
订	dìng	to order (sth.); to book	16
动力	dònglì	motive; motivation	8
动物	dòngwù	animal	12
肚子	dùzi	belly; stomach	14
对方	duìfāng	the other party	4
对话	duìhuà	(to have a) dialogue	3
顿	dùn	*a measure word for meals, reprimands, beatings, etc.*	10

E

噩梦	èmèng	nightmare	15
儿媳妇	érxífu	daughter-in-law	11

F

发达	fādá	developed; advanced	7
发抖	fādǒu	to shake; to tremble	5
法律	fǎlǜ	law	13
反对	fǎnduì	to oppose	11
方法	fāngfǎ	way; method	10
方式	fāngshì	way; manner	3
方向	fāngxiàng	direction	8
放慢	fàngmàn	to slow down	4
飞	fēi	to fly	7
非……不可	fēi…bùkě	must; have to	5
费	fèi	fee	1
分类	fēn//lèi	to classify	12
丰富多彩	fēngfù-duōcǎi	colorful; varied	13
封	fēng	*a measure word for letters, etc.*	16
否则	fǒuzé	or else; otherwise	3
服务	fúwù	to serve	2
符号	fúhào	symbol	3
幅	fú	*a measure word for paintings, etc.*	6
父母	fùmǔ	parents	8
付	fù	to pay	7
负责	fùzé	to be responsible for	11
复印	fùyìn	to photocopy	12
富有	fùyǒu	rich; wealthy	15

G

改变	gǎibiàn	to change	5
干杯	gān//bēi	(before drinking) cheers; bottoms up	14
赶	gǎn	to catch up with; to hurry	16

赶紧	gǎnjǐn	immediately; at once	6
敢	gǎn	to dare	10
感到	gǎndào	to feel	5
刚刚	gānggāng	recently	13
高速公路	gāosù gōnglù	expressway	7
胳膊	gēbo	arm	10
个人	gèrén	individual	14
根	gēn	root	6
更加	gèngjiā	more	4
工业	gōngyè	industry	12
公布	gōngbù	to announce	13
功夫	gōngfu	kung fu	7
共同	gòngtóng	common; together	12
估计	gūjì	to estimate	1
鼓励	gǔlì	to encourage	5
故意	gùyì	on purpose	3
挂	guà	to hang	12
关掉	guāndiào	to turn off	5
关键	guānjiàn	key	4
关注	guānzhù	to pay attention to	1
管理	guǎnlǐ	to manage	1
广播	guǎngbō	broadcast; announcement	16
规定	guīdìng	rule; to specify; to fix	1
柜	guì	locker	2
柜台	guìtái	counter	3
国籍	guójí	nationality	8
国际	guójì	international	2
果汁	guǒzhī	juice	14
过度	guòdù	over-; excessive	10

H

哈尔滨	Hā'ěrbīn	Harbin (city)	9
海	hǎi	sea	9
海南	Hǎinán	Hainan (province)	9
海洋	hǎiyáng	ocean	9
寒冷	hánlěng	cold	9
汗	hàn	sweat	5
好处	hǎochù	advantage; benefit	1
号码	hàomǎ	number	2
合理	hélǐ	reasonable	10
河	hé	river	13
忽然	hūrán	suddenly	15
护士	hùshi	nurse	11
患者	huànzhě	patient	5
活泼	huópō	vivacious	4
火	huǒ	hot; popular	16
或	huò	or	3

J

机器人	jīqìrén	robot	7
肌肉	jīròu	muscle	10
基础	jīchǔ	basis	4
及时	jíshí	without delay; timely	5
级	jí	level	13
急	jí	urgent	2
记录	jìlù	to record	6
加班	jiā//bān	to work overtime	4
加倍	jiābèi	twice as much; much more	13
加快	jiākuài	to accelerate	10
加油站	jiāyóuzhàn	gas station	14
家具	jiājù	furniture	15
驾驶	jiàshǐ	to drive; to pilot	7
兼职	jiān//zhí/jiānzhí	to work part-time; part-time job	1
减肥	jiǎn//féi	to lose weight	10

简单	jiǎndān	simple	4
建立	jiànlì	to establish	8
健身	jiànshēn	to keep fit; to work out	1
奖励	jiǎnglì	to award	5
降低	jiàngdī	to decrease; to reduce	10
降落	jiàngluò	to land	16
交	jiāo	to hand over	3
骄傲	jiāo'ào	proud; conceited	13
焦虑症	jiāolǜzhèng	anxiety disorder	5
教授	jiàoshòu	professor	13
街	jiē	street	8
节约	jiéyuē	to save; to economize	12
金色	jīnsè	gold (color)	9
紧急	jǐnjí	emergency; urgent	16
尽管	jǐnguǎn	although	5
尽快	jǐnkuài	as soon as possible	2
进步	jìnbù	to make progress	7
进度	jìndù	rate of progress	10
京酱肉丝	jīngjiàngròusī	shredded pork with sweet bean paste	14
京剧	jīngjù	Beijing opera	6
经济学	jīngjìxué	economics	13
经历	jīnglì	experience	4
景点	jǐngdiǎn	scenic spot	13
举	jǔ	to cite; to enumerate	4
具备	jùbèi	to have; to possess	11
聚会	jùhuì	party; get-together	8
卷	juàn	(of books) volume	16

K

卡片	kǎpiàn	card	12
开玩笑	kāi wánxiào	to joke	10
开心	kāixīn	happy	8
烤鸭	kǎoyā	roast duck	6
科技	kējì	science and technology	7
棵	kē	*a measure word for trees, plants, etc.*	6
可怕	kěpà	scary	15
可惜	kěxī	regrettable	7
克服	kèfú	to overcome	4
空	kōng	empty	1
恐怕	kǒngpà	perhaps	3
口味	kǒuwèi	taste	14
口语	kǒuyǔ	spoken language	4
苦	kǔ	bitter	7
夸	kuā	to praise	7
快递	kuàidì	express delivery	2
快速	kuàisù	quick	1
款	kuǎn	money	7
矿泉水	kuàngquánshuǐ	mineral water	10

L

垃圾桶	lājītǒng	trash bin	11
拉	lā	to pull	10
辣	là	spicy	14
来自	láizì	to come from	9
老虎	lǎohǔ	tiger	15
类	lèi	kind; category	13
冷静	lěngjìng	calm	1
礼拜六	lǐbàiliù	Saturday	12
礼拜天	lǐbàitiān	Sunday	12
理发	lǐ//fà	to have a haircut	8
理解	lǐjiě	to understand	6
理性	lǐxìng	reasonable; rational	1

利弊	lìbì	advantage(s) and disadvantage(s)	16
例如	lìrú	for example	6
例子	lìzi	example	4
俩	liǎ	two	12
聊	liáo	to chat	5
列	liè	to list	1
琳达·汉密尔顿	Líndá Hànmì'ěrdùn	Linda Hamilton	7
零钱	língqián	loose change	1
另	lìng	other	1
流利	liúlì	fluent	4
乱	luàn	at random	1
旅程	lǚchéng	journey	7
律师	lǜshī	lawyer	11
M			
麻婆豆腐	mápódòufu	Mapo tofu, stewed bean curd with minced pork in pepper sauce	14
满足	mǎnzú	to satisfy	2
毛巾	máojīn	towel	10
美景	měijǐng	beautiful scenery	7
梦	mèng	(to) dream	15
迷路	mí//lù	to lose one's way	8
秘密	mìmì	secret	9
密码	mìmǎ	password	3
密切	mìqiè	close; intimate	6
免费	miǎn//fèi	to be free of charge	1
免签	miǎnqiān	to be visa-exempt	16
面对	miànduì	to face	5
面对面	miànduìmiàn	face to face	4
面积	miànjī	area; size of land	14
秒	miǎo	second (*unit of time*)	1
民以食为天	mín yǐ shí wéi tiān	Food is the first necessity of the people.	14
民族	mínzú	ethnicity	8
母亲	mǔqīn	mother	12
目标	mùbiāo	goal; objective	13
目的地	mùdìdì	destination	16
目前	mùqián	currently	9
N			
那样	nàyàng	in that case	11
难道	nándào	could it be (said) that…	7
难怪	nánguài	no wonder	15
脑子	nǎozi	brain	3
闹钟	nàozhōng	alarm clock	15
内容	nèiróng	content	13
鸟	niǎo	bird	15
暖	nuǎn	warm	12
暖和	nuǎnhuo	(of weather or environment) warm	12
女士	nǚshì	lady	2
P			
怕	pà	to fear	9
排列	páiliè	to arrange; to put in order	15
判断	pànduàn	to judge	15
陪伴	péibàn	to keep (sb.) company	11
朋友圈	péngyouquān	WeChat Moments	12
批评	pīpíng	to criticize	11
皮肤	pífū	skin	10
篇	piān	*a measure word for essays, etc.*	10
片	piàn	(*a measure word for an area of land or water*) piece; stretch	7

骗	piàn	to cheat; to lie (to sb.)	15
平安	píng'ān	safe	15
破	pò	to break; to be torn	15
葡萄	pútao	grape	15
普通	pǔtōng	ordinary	9
普通话	pǔtōnghuà	Mandarin	13

Q

其中	qízhōng	among (which, them, etc.)	12
千奇百怪	qiānqí-bǎiguài	all sorts of strange things	15
强度	qiángdù	intensity	10
敲	qiāo	to knock; to beat	10
桥	qiáo	bridge	15
轻	qīng	light	10
轻松	qīngsōng	easy	2
清单	qīngdān	list	1
情绪	qíngxù	emotion	4
秋天	qiūtiān	autumn	6
取得	qǔdé	to obtain	13
取款机	qǔkuǎnjī	ATM	3
圈	quān	circle	12
全部	quánbù	all	14
全面	quánmiàn	overall	5
全身	quánshēn	whole body	5
缺点	quēdiǎn	shortcoming	8
缺少	quēshǎo	to lack	2

R

人口	rénkǒu	population	12
人类	rénlèi	humankind	9
扔	rēng	to throw	12
日记	rìjì	diary	12

S

散步	sàn//bù	to take a walk	11
色香味俱全	sè xiāng wèi jùquán	to be a perfect combination of color, smell and taste	14
沙发	shāfā	sofa	14
沙滩	shātān	beach	9
山东	Shāndōng	Shandong (province)	14
山区	shānqū	mountainous area	6
稍	shāo	slightly; a little	2
稍微	shāowēi	slightly	9
设置	shèzhì	to set (up)	3
深	shēn	deep; depth	9
甚至	shènzhì	even	4
生活费	shēnghuófèi	living expenses	1
生命	shēngmìng	life	12
生物	shēngwù	creature	9
生意	shēngyi	business; service	15
剩	shèng	to be left; to remain	13
湿	shī	wet	10
实际	shíjì	reality; practical	5
实在	shízài	indeed; honest	12
食物	shíwù	food	14
使用	shǐyòng	to use	2
市	shì	city	8
是否	shìfǒu	whether	5
适应	shìyìng	to adapt to	1
收	shōu	to receive	2
收拾	shōushi	to clear up; to pack	5
受不了	shòu bu liǎo	cannot bear/stand	5
受伤	shòu//shāng	to get injured	10
舒适	shūshì	comfortable	10

输入	shūrù	to input	3
熟悉	shúxi	to know well	1
顺序	shùnxù	order; sequence	15
说明	shuōmíng	to show; to demonstrate	15
思考	sīkǎo	to think; to consider	4
塑料袋	sùliàodài	plastic bag	12
酸	suān	sour	14
酸辣土豆丝	suānlàtǔdòusī	sour and spicy potato shreds	14
随便	suíbiàn	random; casual	4
随时	suíshí	anytime	16
孙子	sūnzi	grandson	11
所有	suǒyǒu	all	9
T			
它们	tāmen	they; them	16
抬	tái	to lift; to raise	10
太行山	Tàiháng Shān	Taihang Mountains	14
糖	táng	sugar	14
讨论	tǎolùn	to discuss	9
特点	tèdiǎn	characteristic	4
特色	tèsè	distinguishing feature	14
提供	tígōng	to provide	2
提醒	tí//xǐng	to remind; to warn	1
体重	tǐzhòng	(body) weight	10
填空	tián//kòng	to fill in the blank	15
调节	tiáojié	to adjust	5
通	tōng	to get through	14
通过	tōng//guò	to pass (an exam, interview, etc.)	4
通过	tōngguò	through; by means of	4
同时	tóngshí	at the same time	10
同时	tóngshí	at the same time	16
统一	tǒngyī	unified; uniform	15
突出	tūchū	to highlight; to stress	4
团	tuán	group	16
推	tuī	to push	6
推迟	tuīchí	to put off; to postpone	16
拖	tuō	to delay	5
拖延	tuōyán	to procrastinate	5
脱	tuō	to take off (clothes)	14
W			
袜子	wàzi	socks	11
外边	wàibian	outside	14
网络	wǎngluò	Internet	5
危险	wēixiǎn	dangerous	12
卫生	wèishēng	hygiene; sanitary	11
卫生间	wèishēngjiān	toilet; bathroom	6
未来	wèilái	future	7
文件	wénjiàn	file; document	2
文章	wénzhāng	article; essay	10
无聊	wúliáo	bored	11
无数	wúshù	countless	10
误会	wùhuì	to misunderstand	6
X			
西红柿炒鸡蛋	xīhóngshìchǎo-jīdàn	scrambled eggs with tomatoes	14
洗澡	xǐ//zǎo	to bathe	11
喜爱	xǐ'ài	to like; to love	14
细心	xìxīn	careful	2
下面	xiàmiàn	below	3
吓	xià	to frighten	15
咸	xián	salty	14
显示	xiǎnshì	to show; to reveal	8
现代	xiàndài	modern times; modern	12

限制	xiànzhì	to limit; restriction	16
羡慕	xiànmù	to envy	8
相处	xiāngchǔ	to get on with (sb.)	8
相反	xiāngfǎn	on the contrary; opposite	8
相同	xiāngtóng	same	3
香	xiāng	fragrant	14
详细	xiángxì	detailed	13
响	xiǎng	to ring; to produce a sound	15
想法	xiǎngfǎ	idea	16
项目	xiàngmù	project	13
橡皮	xiàngpí	eraser	15
消费	xiāofèi	to consume; to spend money	1
笑话	xiàohua	joke	5
效率	xiàolù	efficiency	1
写法	xiěfǎ	way of writing; written form	6
心	xīn	heart	8
心理	xīnlǐ	psychology	5
信封	xìnfēng	envelope	3
信息	xìnxī	information	8
信心	xìnxīn	confidence	4
兴奋	xīngfèn	excited	12
醒	xǐng	to wake up	15
性	xìng	*a suffix showing the nature or quality of sth.*	12
许多	xǔduō	many	5
选取	xuǎnqǔ	to select	3
寻求	xúnqiú	to seek for	5

Y

牙膏	yágāo	toothpaste	15
亚洲	Yàzhōu	Asia	16
严格	yángé	strict	12
盐	yán	salt	9
眼前	yǎnqián	at present	7
演	yǎn	to act; to perform	7
演出	yǎnchū	to perform; to give a show	6
演员	yǎnyuán	actor/actress	7
阳光	yángguāng	sunshine	7
养	yǎng	to raise; to keep	11
养成	yǎngchéng	to develop (a habit, etc.)	1
钥匙	yàoshi	key	8
也许	yěxǔ	perhaps	11
业务	yèwù	business; service	3
叶子	yèzi	leaf	6
页	yè	page	16
夜里	yèlǐ	night	9
一旦	yídàn	once; in case of	8
一味	yíwèi	blindly; purely	10
以	yǐ	(*used before a single-morpheme noun of locality to indicate a limit in time, space or quantity*) by; to	14
一空	yìkōng	nothing left	1
艺术	yìshù	art	6
意见	yìjiàn	complaint	2
因此	yīncǐ	therefore	4
因素	yīnsù	factor	16
饮水机	yǐnshuǐjī	drinking fountain; water dispenser	16
迎接	yíngjiē	to welcome	7
勇敢	yǒnggǎn	brave	7
幽默	yōumò	humorous	3
悠久	yōujiǔ	long; long-standing	6

邮局	yóujú	post office	8
游览	yóulǎn	to visit (a place); to do some sightseeing	13
友好	yǒuhǎo	friendly	2
友谊	yǒuyì	friendship	8
有趣	yǒuqù	interesting	6
于是	yúshì	hence	10
愉快	yúkuài	pleasant	11
瑜伽	yújiā	yoga	10
羽绒服	yǔróngfú	down jacket	14
预习	yùxí	to prepare for (the lesson)	13
遇	yù	to meet; to come across	11
员	yuán	staff; person engaged in a certain field of activity	2
员工	yuángōng	employee	4
原谅	yuánliàng	to forgive	15
愿意	yuànyì	to be willing to	4
约会	yuēhuì	date; rendezvous	14
阅读	yuèdú	to read	13
允许	yǔnxǔ	to allow; to permit	16

Z

杂志	zázhì	magazine	7
在乎	zàihu	to care	4
脏	zāng	dirty	11
怎样	zěnyàng	how	1
增多	zēngduō	to increase	14
增进	zēngjìn	to strengthen; to promote	10
增长	zēngzhǎng	to increase	8
占线	zhàn//xiàn	the line is busy	14
掌握	zhǎngwò	to master; to grasp	10
账	zhàng	cost; account	1
招聘	zhāopìn	to recruit	4
照相机	zhàoxiàngjī	camera	1
者	zhě	person; -er	1
真正	zhēnzhèng	real; true	4
诊断	zhěnduàn	to diagnose	5
整	zhěng	whole; entire	7
整理	zhěnglǐ	to sort out	1
正确	zhèngquè	correct	10
证件	zhèngjiàn	credentials; papers	3
证明	zhèngmíng	to prove	10
之前	zhīqián	before	11
支	zhī	*a measure word for pens, etc.*	15
支出	zhīchū	expenditure	1
知识	zhīshi	knowledge	4
植物	zhíwù	plant	12
纸	zhǐ	paper	3
指	zhǐ	to refer to	14
至少	zhìshǎo	at least	13
至于	zhìyú	as for	14
制订	zhìdìng	to draw up; to formulate	5
《终结者》	《Zhōngjiézhě》	*The Terminator*, a science fiction film	7
种类	zhǒnglèi	species; variety	9
主要	zhǔyào	main; principal	6
转机	zhuǎn//jī	to make a connecting flight	16
赚	zhuàn	to earn	1
追	zhuī	to chase	15
准确	zhǔnquè	accurate	2
准时	zhǔnshí	on time	16
资源	zīyuán	resource(s)	9

仔细	zǐxì	careful	13
自动	zìdòng	automatic	3
自然	zìrán	naturally	16
自我	zìwǒ	self	4
自信	zìxìn	self-confidence	4
自助	zìzhù	to be independent; to rely on oneself	16
自助游	zìzhùyóu	to travel independently	16
字母	zìmǔ	letter (of the alphabet)	3
总结	zǒngjié	to summarize	4
总之	zǒngzhī	in conclusion	7
组成	zǔchéng	to compose; to make up	3
组合	zǔhé	to combine	3
组织	zǔzhī	to organize	7
作用	zuòyòng	function	9
做梦	zuò//mèng	to dream	15